1

GREVISSE
LANGUE FRANÇAISE

l'accord de l'adjectif

Règles, exercices et corrigés

Henri Briet

de boeck duculot

Pour toute information sur notre fonds et les nouveautés dans votre domaine de spécialisation, consultez notre site web : **www.deboeck.com**

Rue des Minimes 39, B - 1000 Bruxelles

Imprimé en Belgique

Dépôt légal :
Bibliothèque Nationale, Paris : août 2009
Bibliothèque royale de Belgique, Bruxelles : 2009/0035/027

ISBN 978-2-8011-0054-7

Sommaire

Avant-propos

Dans son livre *Juliette au pays des hommes*, Jean Giraudoux écrit ceci : « La *vie était dure dans ta classe pour qui avait des adjectifs. Pour toi, ils étaient dans la langue française ce que les parasites sont dans les caves ou les bateaux. Tu n'en parlais qu'avec les expressions utilisées pour les cancrelats, les rats et les poissons morts. Quand les adjectifs sortent du mot à la queue leu leu, répétais-tu, c'est que le mot vogue à sa perte... Entre deux épithètes, prétendais-tu, le nom crucifié meurt nu et fait homme ; tu méprisais tous ces romantiques qui se précipitent, quand un bonheur ou un malheur arrive à un nom, sujet de la phrase, chercher une escouade d'adjectifs...* »

Qu'est-ce à dire? Faut-il proscrire l'emploi de l'épithète? Ce qui est dénoncé ici, c'est le recours abusif à l'adjectif : celui-ci cherche parfois à cacher la pauvreté du terme auquel il se rapporte et essaie d'en estomper la médiocrité. Ainsi l'excès des épices n'augure pas de la saveur des aliments. Mais le locuteur ne peut faire l'économie des adjectifs : ils s'imposeront bien vite à lui pour distinguer les choses et les êtres dont il parle des autres choses et des autres êtres d'une espèce identique, même si pour leur désignation le terme propre s'est imposé à lui.

Sauf quand il joue le rôle d'attribut, l'adjectif n'apparaît généralement pas comme un constituant obligatoire de la phrase : son absence ne remet pas en cause la grammaticalité du discours. Cependant, la valeur lexicale propre de l'adjectif peut être essentielle à la compréhension du message, lequel risque d'être dénaturé ou vidé de son sens en cas d'omission de l'épithète.

Les listes de fréquence d'emploi des mots font évidemment la part belle aux termes grammaticaux ainsi qu'aux verbes et aux noms. Mais des adjectifs courants y figurent en bonne place et prouvent que l'épithète n'est pas cantonnée dans des productions littéraires ou scientifiques.

Ce petit livre se propose de répondre aux questions que l'usager de la langue française se pose sur la notion d'adjectif, sa catégorie, sa place, sa fonction... Il traite ensuite de sa variation en genre et en nombre avant d'étudier son accord. Beaucoup d'exemples illustrent les données théoriques et près de soixante auteurs y sont cités.

Viennent cinquante-neuf exercices et leurs corrigés. Les phrases et les textes proposés sont pour la plupart empruntés à des écrivains. Plus de deux cent cinquante y figurent, qui appartiennent à toute la francophonie : Tahar Ben Jelloun, Marie-Claire Blais, Andrée Chedid, Albert Memmi, Léopold Sédar Senghor,.... Priorité a été donnée aux écrivains contemporains, dont cent sont toujours en activité (Philippe Claudel, Patrick de Carolis, Jean Dutourd, Vincent Engel, Eric Fottorino, Bernard-Henri Lévy, François Nourissier, Pascal Quignard, Amélie Nothomb, Colette Nys-Mazure, Robert Sabatier, Eric-Emmanuel Schmitt, Michel Tournier.... D'autres phrases ont été relevées dans la presse (100) ou ont été composées (30), tant et si bien que plus de mille adjectifs doivent être accordés. Un index en reprend près de cinq cents qui sont mentionnés dans la partie théorique et qui présentent quelque difficulté. Dans l'exposé des règles, les plus rares d'entre eux seront précédés de la mention *Savoir plus*.

Précisons que c'est volontairement que nous n'avons pas tenu compte des participes passés pris adjectivement. Pour ceux-ci, on se reportera au livre *Savoir accorder le participe passé* de Maurice Grevisse. *L'accord de l'adjectif* s'inscrit dans le sillage de ce travail monumental que constitue la nouvelle édition du Bon usage (2007) et essaie de prendre en compte l'évolution de la langue. Des références systématiques en parsèment les pages. Notre souci a également consisté à ouvrir le répertoire des exemples et des exercices à des auteurs tout à fait contemporains, en nous gardant bien, cependant, de délaisser le fonds solide des écrivains plus anciens. La presse a été largement utilisée. Ce faisant, nous entendons servir au mieux les praticiens de la langue française.

Puisse ce petit livre apporter réponse à celles et ceux qui en consulteraient la partie théorique pour des questions ponctuelles : l'utilisation de l'index facilitera leurs recherches. Puisse-t-il aussi être utile à celles et ceux qui voudraient progresser systématiquement dans la maîtrise de l'adjectif : la présence de corrigés les accompagnera dans leur cheminement.

Henri Briet

ABRÉVIATIONS

Ac. = Académie

adj. = adjectif

adv. = adverbe

B. U. = Bon Usage

dét. = déterminant

ind. = indéfini

pers. = personnel

pron. = pronom

qual. = qualificatif

• = à éviter

Remarques

1. Pour donner une idée de la difficulté des exercices, les indications suivantes ont été utilisées :
   - Niveau ⊕
   - Niveau ⊕⊕
2. Quand une citation a été tirée du Bon Usage, elle est suivie de l'abréviation B.U.
3. L'ordre de présentation des exercices est conforme à celui des notions théoriques, des notions les plus élémentaires aux plus ardues (tout, quelque...) Chaque exercice est consacré à une difficulté spécifique, mais de temps à autre il y a reprise d'éléments antérieurs, en attendant la globalisation finale.

- *«Vases **communicants**» ou «vases **communiquants**»?*
- *«Les enfants **peureux** reculèrent.»; «Les enfants, **peureux**, reculèrent.» : quelle différence?*
- *«C'est chou **vert** et **vert** chou» : même réalité?*
- *«Un **brave** homme et un «homme **brave**» : vraiment pareil?*

Chapitre 1

Généralités

Bu **§§ 100, 141, 246, 321-328, 332, 539, 571, 574, 577, 737-742, 921-923**

§ 539

Renvoi au Bon usage :

1. Définition (Bu § 539)

A. L'adjectif est un mot qui accompagne un nom (ou un pronom) et forme avec lui un groupe nominal, ou syntagme nominal.

- **Notre** *plan* avait la simplicité des **grandes** *manœuvres*. (Marcel Arland)
- *Ils* se taisaient, *ils* assistaient, **graves**, **muets**, à ce déroulement d'un *mystère* **solennel**. (Antoine de Saint-Exupéry)
- Ce château *lui*-**même**, et les descendants du fameux baron, j'ai mis beaucoup de temps à les découvrir. (Michel Ragon)

B. L'adjectif apporte sur l'être ou la chose désignés par le nom ou le pronom des indications qui permettent la distinction avec les autres êtres et les autres choses qui appartiennent à la même espèce.

- Le Panturle est un *homme* **énorme**. (Jean Giono)
- L'*Union* **européenne** a manqué de cohérence en faisant du Kosovo une exception au principe d'*intégrité* **territoriale**. (*Le Vif*, 2008)
- **Notre** *flotte* **tricolore** courait sur les **petites** *vagues*. (André Maurois)
- Depuis bien longtemps déjà, les **épais** *murs* d'enceinte et **leurs huit** *bastions* servent, en effet, de caves à vin à des *producteurs* **locaux**. (*Le Journal de l'Evasion*, 2008)

C. L'adjectif est un mot variable, comme le nom ou le verbe.

- Une **petite** *étoile* **seule** grelottait au fond de l'allée, au-dessus des **premiers** *arbres*. (Maurice Fombeure)

2. Catégories (Bu §§ 141 B, 539)

2.1. L'adjectif qualificatif

Il exprime une caractéristique, un état de l'être ou de la chose désignés par le nom (ou le pronom) auquel il se rapporte.

- La culture sous serre a aussi fait de **gros** *progrès*, en intégrant une *protection* **biologique** : l'utilisation d'*insectes* **prédateurs**, comme la coccinelle, à la place des *pesticides* **habituels**. (*Cuisine et vins*, 2008)
- Quelques *asperges* **vertes, grosses, tendres** à s'en pâmer. (Muriel Barbery)
- Qu'*il* était ***épais***, ce velours, sous mes pieds ! (Julien Green)
- La **petite** *créature* nous parut d'abord **étrangère**. (Marcel Pagnol)

Attention !

1. Au point de vue de la signification, l'adjectif qualificatif exprime une qualité. Ce mot doit être pris dans le sens large de caractéristique bonne ou mauvaise.
   - Une **belle** *eau* **transparente**. (Charles Péguy)
   - Et qu'ils oublient instantanément les *jours* **mauvais**. (Charles Péguy)
2. L'adjectif qualificatif est un mot lexical, comme le nom, le verbe et l'adverbe : le dictionnaire en donne le sens, la signification.
   - **périlleux** : où il y a des risques de danger.
   - **dubitatif** : qui exprime le doute.
3. L'adjectif qualificatif n'est pas un constituant obligatoire du groupe nominal dont il fait partie : il n'est pas nécessaire pour que la phrase soit grammaticalement acceptable.
   - Ainsi le *ruisseau* **montagnard** des plateaux devient-il peu à peu *rivière* **auvergnate**. (Yves Allion)
   - Ainsi le ruisseau des plateaux devient-il peu à peu rivière.
4. Mais l'adjectif qualificatif ne peut être retiré d'une phrase où il est attribut (du sujet ou du complément d'objet direct)
   - La *chère* était **simple** et **délicieuse**. (Muriel Barbery)
   - En quelques jours, *je* devins **hardi** à faire peur. (André Chamson)
   - Et la *terre* était **belle** ce matin-là. (Henri Bosco)
   - Tous les soucis sans importance, et *que* l'on croyait **capitaux**... (Antoine de Saint-Exupéry)

Il est à signaler que, dans certaines constructions, la suppression de l'adjectif qualificatif aboutit à des phrases sur la régularité desquelles on peut toutefois s'interroger.

- Ici, c'est la *place* **royale, vaste** *pelouse* **nue**... (Roland Dorgelès)
  (* Ici, c'est la *place, pelouse*...)
- La quasi-totalité du **haut** *bassin* dans le Massif central est faite de *terrains* **cristallins** et **imperméables**. (Pierre Gillardot)
  (*La quasi-totalité du bassin dans le Massif central est faite de terrains...)

2.2. Les déterminants

Bu §§ 737 à 742

A. On appelle déterminants les adjectifs considérés jadis comme non qualificatifs ou déterminatifs. Ils s'accordent comme les adjectifs qualificatifs. Il est à préciser que les possessifs s'accordent aussi en personne.

- Elle souhaita passionnément que **cette** *veillée* ne se terminât jamais. (Christian Signol)
- Depuis qu'il avait dénoncé **son** bon *maître*, **sa** *vie* suivait un cours tout aussi misérable. (André-Marcel Adamek) (Les deux adjectifs possessifs sont à la 3e personne.)

B. Le rôle des déterminants est d'actualiser, c'est-à-dire de permettre au nom d'être utilisé dans un énoncé pour répondre à une situation donnée. Le nom est mis en rapport avec un contexte. On passe ainsi d'une valeur générale de langue à un sens réel totalement particulier.

- **Ce** *livre* est fait de descriptions et d'analyses rigoureuses. (Jean Guéhenno)
- Souvent, je repense à Madame Jargonos, à *ces* **jours** de malheur passés en sa compagnie. (Erik Orsenna)

C. Le *Code de terminologie grammaticale* (1986) distingue, outre les articles, d'autres mots qui sont toujours déterminants : on ne parle plus d'adjectifs démonstratifs, interrogatifs, exclamatifs ou relatifs, mais bien de déterminants démonstratifs, interrogatifs, exclamatifs ou relatifs.

- On a de **ces** *pressentiments.* (Colette Nys-Mazure)
- De **quel** *crime* voulez-vous donc parler ? (Molière)
- Manger l'herbe d'autrui ! **Quel** *crime* abominable ! (Jean de La Fontaine)
- Je t'adresse copie de la lettre et de la convention, **laquelle** *convention* a été examinée par un juriste.

D. Il existe aussi des déterminants possessifs, des déterminants numéraux cardinaux et des déterminants indéfinis qu'il faut se garder de confondre avec les adjectifs possessifs, numéraux cardinaux et indéfinis.

Quelques différences essentielles séparent les déterminants et les adjectifs.

- Les déterminants ne peuvent être attributs.

  Ils sont **trois**. (adj. numéral cardinal)

- Les déterminants précèdent le nom. Certains grammairiens disent qu'ils sont à gauche du nom (Bu § 574).

  Il sera lui aussi décapité pour trahison, en 849, **cinq** *ans* après son père. (Régine Pernoud)

  Elle incline **sa** *tête* blonde sur l'épaule de **son** *ami*. (Jeanne Bourin)

  Il arrivait à envoyer **plusieurs** *dizaines* de lettres personnelles par mois. (Philippe de Gaulle)

- Les déterminants sont indispensables à la grammaticalité de la phrase.

  Les giroflées jaunes embaument **mon** *jardin*.
  * Les giroflées jaunes embaument *jardin*.

Savoir +

1. S'il est vrai que le déterminant est nécessaire à la régularité de la phrase, on note cependant des noms qui ne sont pas accompagnés de déterminants.

Absalon était **luthier** à Séville avant de subir comme Marrane, la persécution et l'exil. (Bernard Tirtiaux) (Le mot *luthier* est attribut du sujet.)

Namur, *capitale* de la Région wallonne. (apposition)

Mais : Son père était **un** *menuisier* de grande qualité. (Le déterminant est indispensable à cause du complément.)

2. Le déterminant transforme le mot qu'il précède en nom.

Un *tiens* vaut mieux que **deux** *tu l'auras*. (*Proverbe*)

Avec **des** *si*, on mettrait Paris en bouteille. (*Proverbe*)

3. Il arrive que le déterminant accompagne un nom sous-entendu.

Une seconde femme se doit d'être jalouse du souvenir de **la** première. (femme) (Marguerite Yourcenar)

Attention !

a) Déterminants possessifs/Adjectifs possessifs.

- Par une fente du plâtre, on voyait **leurs** *prunelles* enflammées et **leurs** terrifiantes *moustaches*. (Jean Dutourd) (dét. possessif)
- Ils avaient fait **leurs** toutes nos *suggestions*. (adj. possessif)

Le bon usage considère *mien, tien, sien, nôtre,* et *vôtre* comme des adjectifs possessifs.

b) Déterminants numéraux cardinaux/Adjectifs numéraux cardinaux.

- La réponse finale octroie **cinq** bonnes *minutes* de tranquillité. (Daniel Pennac.) (dét. numéral cardinal)
- Les **cinq** *visiteurs* ne sont pas entrés. (adj. numéral cardinal précédé d'un déterminant article)

Le bon usage classe les numéraux ordinaux comme des adjectifs.

c) Déterminants indéfinis/Adjectifs indéfinis.

- **Certain** *renard* gascon, d'autres disent normand… (Jean de La Fontaine) (dét. indéfini)
- Elle a un **certain** *âge*. (adj. indéfini précédé d'un déterminant article)

Savoir +

- *Le bon usage* classe *autre, même* et *quelconque* parmi les adjectifs indéfinis.

- Cette distinction entre déterminants et adjectifs est parfois difficile à établir. En tout cas, elle n'exerce aucune influence sur leur accord, lequel est identique pour les deux classes. Pour plus de précisions, voir (Bu **§ 577**).

3. La place de l'adjectif qualificatif

3.1. Les adjectifs qualificatifs

Bu **§§ 324 à 328**

A. L'adjectif qualificatif peut se placer avant ou après le nom et il peut aussi s'en détacher.

- De **joyeux** *oiseaux* chantaient.
- Les *oiseaux* **joyeux** chantaient.
- **Joyeux**, les *oiseaux* chantaient.

- Les *oiseaux*, **joyeux**, chantaient.
- Les *oiseaux* chantaient, **joyeux.**
- Les *oiseaux* semblaient **joyeux**.

Attention !

- Il importe de bien voir à quel nom (ou à quel pronom) se rapporte l'adjectif.
  - Ulysse et ses compagnons se faisaient-ils des tartines de *chèvre* **frais** pour survivre pendant L'Odyssée ? (*Cuisine et Vins*, 2008) (Masculin quand il s'agit du fromage au lait de chèvre.)
  - *Elles* tremblent dans la brume nocturne, **petites, proches** ou **lointaines**... (Guy de Maupassant)
  - Il avait installé son logis derrière un calorifère, dans l'appartement somptueux d'un *homme* de lettres **célibataire**. (Jean Dutourd)
- Au point de vue de l'accord, la place de l'adjectif par rapport au nom auquel il se rapporte n'a pas d'importance. Mais il n'en est pas de même au point de vue du sens.
  - Un **brave** *homme* = Un homme généreux et bienveillant.
  - Un *homme* **brave** = Un homme qui a un grand courage.
  - Un **triste** *personnage* = Un personnage de mauvaise réputation.
  - Un *personnage* **triste** = Un personnage qui n'est guère joyeux.

B. La place de l'adjectif dépend de sa construction, de sa formation, de son sens, du nombre de syllabes.

- Il a une *voix* **splendide**. (L'adjectif compte plus de syllabes que le nom.)
  Il a une **splendide** *voix* de basse. (L'adjectif est rejeté devant le nom à cause de la présence d'un complément déterminatif derrière le nom.)
- Une **jolie** *fille*. (Qualité intimement liée au nom.)
  Une *fille* extrêmement **jolie**. (Présence d'un complément.)
- Des *princes* **charmants.** (Adjectif verbal.)
  Des *chiens* **perdus**. (Participe passé pris adjectivement.)
- Isabelle préfère les *sciences* **naturelles.**
  Jean Fauconnier est entré dans l'*enseignement* **technique**.
  (Adjectifs désignant des catégories.)
- C'est un **gros** *inconvénient*. (Adjectif qui compte moins de syllabes que le nom.)
  Voilà un *mot* **désagréable**. (Exemple inverse.)

C. Quand plusieurs adjectifs se rapportent à un même nom, les places sont multiples, qu'il y ait ou non une conjonction.

- Je regarde les *ardoises* **vertes** et **bleues** du toit de la maison de Ludo... (Conrad Detrez) (Adjectifs de couleur.)
- On remettait toujours à la dernière minute le soin de vaquer aux *besoins* **hygiéniques réglementaires** et **naturels**. (Louis Pergaud) (Adjectifs qui classifient.)
- On distinguait tout de suite ses yeux, de **magnifiques** *yeux* **bleus...** (Emmanuel Roblès) (La présence de l'adjectif de couleur derrière le nom permet de placer devant un adjectif qui compte plus de syllabes.)
- En l'an 318 avant J.-C., dans la ville de Thespies en Béotie, il existait une **jolie petite** *fille* qui vendait des câpres. (Jean Dutourd.) (Qualités intimement liées au nom.)
- Une **nouvelle** et **éclatante** *violation* de la Constitution est en voie d'être consommée... (*Presse*, 1996) (Nombre de syllabes inférieur ou égal à celui du nom.)

Savoir +

Il est rare qu'un déterminant puisse s'intercaler entre l'adjectif qualificatif et le nom. En voici deux exemples.

- **Feu** son *père*. (On peut dire aussi « Son **feu** *père* ».)
- **Seule** sa *tante* était là. (Différent de « sa **seule** *tante* ».)

3.2. Les adjectifs non qualificatifs/ les déterminants

Bu §§ 324 à 328

A. Certains grammairiens disent que le déterminant est à gauche du nom.

- Il sera lui aussi décapité pour trahison en 849, **cinq** *ans* après son père. (Régine Pernoud)
- Elle incline **sa** *tête* **blonde** sur l'épaule de **son** *ami*. (Jeanne Bourin)
- Souvent, je repense à Madame Jarganos, à **ces** *jours* de malheur passés en **sa** *compagnie*. (Erik Orsenna)

B. Après le nom (ou le pronom), on ne peut plus parler de déterminants.

- *Louis* **XIV**, *acte* **IV**, *scène* **V**, *page* **trois cent**. L'*an* **deux mille**.
- Cette *maison* est **mienne**.
- *Eux*-**mêmes** me l'ont dit.

4. Les fonctions

4.1. Épithète/épithète liée

Bu §§ 321 à 323

L'épithète liée évoque une qualité (au sens large du terme) une caractéristique qui est intimement liée au nom, qui fait corps avec elle. Elle restreint l'extension du nom.

Les *enfants* **peureux** reculèrent. (Seuls les enfants peureux reculent, les autres ne bougent pas.)

Quand il a distribué ses **maigres** *biens*, il a fait don de sa gamelle... (Alain Bosquet)

Vous savez ce qui reste d'un texte après deux *traductions* **successives**... (Marguerite Yourcenar)

Les coulées de fleurs croulent des *rochers* **roses** jusque dans la *vague* **pacifique**. (Marcel Thiry.)

Sans excepter le siège de saint Pierre qui bientôt fut pourvu par les **riches** *familles* **romaines**. (Régine Pernoud)

Le camion-poubelle va maintenant avancer avec une *lenteur* **extrême**, s'immobilisant tous les vingt mètres dans une *rue* aussi **étroite** que **longue**. (Didier Tronchet)

Savoir +

a. Parfois l'épithète est unie au nom ou au pronom par une préposition.

C'est une **drôle** de *comparaison*.

Quoi de **neuf**, mon vieux?

b. Il arrive que l'épithète se rapporte à un mot sous-entendu, à un mot qui appartient à une phrase qui précède ou encore à tout un groupe de mots.

Si pas **sérieux**, s'abstenir.

Hardellet pourtant écrivit avec l'admiration de Butor, de Mac Orlan ou de Gracq une œuvre d'une beauté saisissante. **Aérienne, transparente** avec une façon particulière d'habiller les mots... (Lire)

Je jugeais **préférable** de *ne pas tout faire à la fois*. (Charles de Gaulle)

4.2. Épithète détachée/Adjectif en apposition Bu § 332

L'épithète détachée est séparée du mot auquel elle se rapporte par un ou plusieurs mots ou/et par un signe de ponctuation. Elle ne restreint pas l'extension du nom.

Les *enfants*, **peureux**, reculèrent. (Tous les enfants ont peur et donc tous les enfants reculent, sans exception.)

Elle apporte une indication considérée comme complémentaire ou explicative.

Léa ne pleurait plus, **attentive**. (Régine Deforges)

Le silence est l'élément dans lequel se forment les grandes choses, pour qu'enfin *elles* puissent émerger, **parfaites** et **majestueuses**... (Maurice Maeterlinck)

Têtu comme une mule, **malin** comme un singe, **vif** comme un lièvre, *il* n'avait surtout pas son pareil pour casser un carreau à vingt pas. (Louis Pergaud)

4.3. Attribut Bu § 246 b 1

Les adjectifs peuvent jouer le rôle d'attribut.

- Les *paroles* de l'oracle étaient **inintelligibles** pour le commun des mortels. (*La Libre*, 2008)
- En vérité, d'autres *clients* sont **présents**. (Jean-Paul Ollivier)
- La *mer* calme s'étend, **bleue** et **claire**. (Guy de Maupassant)
- **Tels** sont les *faits*. (Georges Blond)

Quel peut également être attribut. Il cesse alors d'être déterminant.

- Demandez-leur **quelle** est la *moyenne* annuelle des pluies... (Raymond Dumay)

Les numéraux qui ont la fonction d'attribut cessent d'être des déterminants.

- *Elles* étaient **cinq**.

4.4. Déterminant Bu § 571

Sauf dans le cas qui vient d'être évoqué, tous les adjectifs qui ne sont pas qualificatifs ont la fonction de déterminant, fonction qu'ils partagent avec les articles.

- En **certaines** *occasions*, André lui avait proposé de prendre ici des vacances avec elle... (Emmanuel Roblès)

- **Trois** *heures* du matin, l'heure des accidents inexpliqués. (Colette Nys-Mazure)
- **Cette** *réputation* date de la Grèce antique et concernait les habitants de **cette** *région* montagneuse au climat froid et sujette aux tremblements de terre. (Daniel Appriou)
- **Quel** *avenir* souhaiter après une pareille déchéance ? (Henri Troyat)
- **Quel** *chemin* nous avons parcouru pour revenir à **notre** *point de départ* ! (Henri Bordeaux)

5. Les mots qui ont valeur d'adjectif

On a vu plus haut que certains mots étaient tantôt des déterminants tantôt des adjectifs non qualificatifs. Mais ce changement de classe (= nature) n'exerce aucune influence sur l'accord.
D'autres mots, qui n'appartiennent pas à la classe des adjectifs, peuvent en jouer le rôle selon le contexte dans lequel ils se trouvent. Ces mots restent généralement invariables.

- Je voudrais une *chemise* **saumon**. Une *ville* **témoin**. (Noms à valeur d'adjectif.)
- Les *feux* **arrière** ne marchent plus. Une *fille* **bien**. (Adverbes à valeur d'adjectif.)
- Les *arbres* fruitiers **en avance** ont été gelés. (Locution adverbiale à valeur d'adjectif.) (=hâtifs)

6. Les adjectifs composés/ les locutions adjectives (Bu §§ 539 et 923, 4 h)

Ce sont des adjectifs formés de plusieurs mots reliés ou non par un trait d'union, par une préposition ou une conjonction.

- Blond comme un vrai Nordique, les *yeux* **bleu ciel**, le teint rose. (Yann Queffélec)
- Tu es le *frère* **bien-aimé**. (Antoine de Saint-Exupéry)
- Oublions le monde mythique de miel et d'hydromel et l'*ambiance* burlesque et **bon enfant** du village d'Astérix. (*Le Vif*, 2008)
- On y verrait à tort un conflit opposant David à Goliath, une jeune *république* **pro-occidenta**le à une Russie impérialiste. (*Le Vif*, 2008)

Savoir +

1. Tous les éléments d'un adjectif composé ne sont pas nécessairement des adjectifs. Ainsi, dans les exemples qui précèdent, *ciel* reste un nom et *bien* demeure adverbe.

2. Selon l'usage admis, l'adjectif *soi-disant* est invariable.
   Feignant de louer ces **soi-disant** *vertus*. (B. U.)

7. Participes présents et adjectifs verbaux (Bu §§ 922-923 et §§ 539 et 921)

7.1. Le participe

Le participe est un mode non personnel : on ne peut y faire la distinction des personnes grammaticales. C'est aussi un mode qui ne permet pas l'actualisation du verbe. On dit généralement que le participe est la forme adjective ou adjectivale du verbe.

7.2. Les adjectifs verbaux

D'une façon générale, les adjectifs qui sont issus d'un verbe peuvent s'appeler adjectifs verbaux. Mais, parmi ceux-ci, plusieurs catégories doivent être établies.

A. Les adjectifs dérivés :
- imaginable (imaginer), secourable (secourir) ;
- lisible (lire), transmissible (transmettre) ;
- faillible (faillir).

B. Les participes passés pris adjectivement ou participes passés employés seuls.
- Des *enfants* **abandonnés**.
- *Chiens* **perdus** sans collier. (Gilbert Cesbron)

Savoir +

Pour l'accord de ceux-ci, on consultera le livre de Maurice Grevisse, *Savoir accorder le participe passé*, dans cette même collection.

C. Les participes présents pris adjectivement ou adjectifs verbaux proprement dits.
   - Plus nous allons vers le sud, plus nombreux sont les *poissons* **volants**. (Jean-Yves Cousteau)

7.3. Le participe présent

C'est un verbe et il fonctionne comme tel. Il se termine toujours par **-ant**, est invariable et peut être accompagné d'un complément direct et/ou d'un complément indirect et/ou d'un complément circonstanciel. Le participe présent est parfois précédé de la négation **ne** et peut-être pronominal. Il exprime un fait dont le déroulement est en cours. Précédé de **en**, le participe présent s'appelle gérondif et est également invariable.

En 1994, il nous avait paru à la fois passionnant et urgent de nous intéresser au phénomène en **apportant** notre pierre à cette résurrection. (Colette Gouvion)

L'œil fonctionnait, **perçant, jugeant** l'époque, **faisant** des efforts... (Hervé Bazin)

On présume que la reine, qui ne manquait pas d'amour-propre, avait exigé ce serment, ne **croyant** pas qu'il fût au monde personne qui pût l'égaler... (Charles Perrault)

Savoir +

- Dans le domaine juridique, certains participes présents varient. Voici les principaux : des *ayants droit,* des *ayants cause, tous empêchements cessants,* la *partie plaignante...* Pour les expressions *toutes affaires cessant(es), toutes choses cessant(es),* l'usage hésite.
- Dans le langage courant, le participe présent *vivant* peut varier.

Moi **vivante**, cela ne se fera pas.

- Le participe présent *disant* dans l'expression *soi-disant* est invariable.

7.4. L'adjectif verbal

L'adjectif verbal est un adjectif et fonctionne comme tel. Il se termine par **-ant** ou **-ent** (équivalent, excellent, négligent...). Il est variable. Il peut être précédé d'un adverbe autre que **ne**. Il est épithète ou attribut. Il se place avant ou après le nom auquel il se rapporte. Il exprime un état, une propriété, une caractéristique.

Tant il est vrai qu'il n'existe pas qu'un seul français définitivement figé... mais de multiples *avatars* **vivants**... (Jean-Philippe Bouchard)

Chaque heure du jour recrée une autre Loire : brume légère du matin dans la *lumière* **rasante**... (Daniel Coulaud)

On y mène des recherches sur de nouvelles *variétés* plus précoces, plus productives, ou plus **résistantes** aux insectes et aux maladies. (Colette Gouvion)

Les **différentes** *propositions* n'étaient pas **convaincantes**. (*Lire*)

Savoir +

- Il arrive que l'agent de l'action ne soit pas le nom auquel l'adjectif verbal se rapporte. Cela sera le cas dans les exemples suivants.

  Certains adjectifs verbaux ont un sens passif.

  Une *entrée* **payante**. (=qui n'est pas gratuite)

  D'autres ne sont ni actifs ni passifs.

  Une *rue* **passante**, une *soirée* **dansante**.

- Un double usage semble exister pour les expressions suivantes : *huit heures battant (es), pétant (es), sonnant (es), tapant (es), toquant (es).*

  À 12 *heures* 04 **pétantes**, le train se présentait... (*Le Soir*, 2009)

7.5. Participes présents/adjectifs verbaux Bu §§ 922-923

A. Tous les verbes, sauf certains verbes défectifs, ont un participe présent.

Parler (infinitif présent)

- Ne **parlant** que très peu, elles étaient écoutées attentivement quand elles donnaient leur avis. (Participe présent)

B. Dans de nombreux cas, à un participe présent correspond un adjectif verbal.

Nous avons téléphoné à *l'horloge* **parlante**. (adjectif verbal)

Mais il existe des exceptions : jouant, copiant, cueillant, mettant,...
Trouver, par exemple, a un participe présent mais pas d'adjectif verbal.

- **Trouvant** la soirée trop longue, ils étaient allés se coucher.

C. Et le sens de l'adjectif n'est pas toujours exactement le même que celui du participe présent.

Voir (infinitif présent)

- **Voyant** le facteur, elle lui fit signe. (part. prés.)
- Elle porte une *veste* **voyante** (adj. verbal) (sens passif)

D. La plupart des verbes ont un adjectif verbal dont la graphie au masculin singulier ne permet pas la distinction avec le participe présent.

Couper (infinitif présent)

- **Coupant** la parole à l'orateur, elles intervenaient sans cesse.
- Ce n'est certainement pas un hasard si la plupart des noms de familles formés sur des noms d'objets se rapportent à des *objets* pointus, **coupants**, tranchants, piquants... (Jean-Louis Beaucarnot)

Attention !

E. Certains adjectifs verbaux diffèrent par la graphie du participe présent auquel ils correspondent.

Infinitifs	*Participes présents*	*Adjectifs verbaux*
Adhérer	adhér**ant**	adhér**ent**(e)(s) (es)
Affluer	afflu**ant**	afflu**ent**(e)(s) (es)
Coïncider	coïncid**ant**	coïncid**ent**(e)(s) (es)
Confluer	conflu**ant**	conflu**ent**(e)(s) (es)
Déférer	défér**ant**	défér**ent**(e)(s) (es)
Différer	différ**ant**	différ**ent**(e)(s) (es)
Equivaloir	équival**ant**	équival**ent**(e)(s) (es)
Exceller	excell**ant**	excell**ent**(e)(s) (es)
Expédier	expédi**ant**	expédi**ent**(e)(s) (es)
Influer	influ**ant**	influ**ent**(e)(s) (es)
Interférer	interfér**ant**	interfér**ent**(e)(s) (es)
Précéder	précéd**ant**	précéd**ent**(e)(s) (es)
Résider	résid**ant**	résid**ent**(e)(s) (es)
Somnoler	somnol**ant**	somnol**ent**(e)(s) (es)
Violer	viol**ant**	viol**ent**(e)(s) (es)
Converger	conver**geant**	conver**gent**(e)(s) (es)

Déterger	détergeant	détergent(e)(s) (es)
Diverger	divergeant	divergent(e)(s) (es)
Emerger	émergeant	émergent(e)(s) (es)
Négliger	négligeant	négligent(e)(s) (es)
Déléguer	déléguant	délégant(e)(s) (es)
Divaguer	divaguant	divagant(e)(s) (es)
Extravaguer	extravaguant	extravagant(e)(s) (es)
Fatiguer	fatiguant	fatigant(e)(s) (es)
Fringuer	fringuant	fringant(e)(s) (es)
Intriguer	intriguant	intrigant(e)(s) (es)
Naviguer	naviguant	navigant(e)(s) (es)
Zigzaguer	zigzaguant	zigzagant(e)(s) (es)
Communiquer	communiquant	communicant(e)(s) (es)
Convaincre	convainquant	convaincant(e)(s) (es)
Provoquer	provoquant	provocant(e)(s) (es)
Suffoquer	suffoquant	suffocant(e)(s) (es)
Vaquer	vaquant	vacant(e)(s) (es)

Pour le verbe *exiger*, le participe présent et l'adjectif verbal sont identiques : *exigeant*.

Certains adjectifs verbaux peuvent devenir des noms : un *adhérent*, un *affluent*, un *combattant*, un *confluent*, un *débutant*, un *équivalent*, un *expédient*...

EXERCICES

Exercice n° 1

Niveau ⊕

Voici des infinitifs. Faut-il en tirer des participes présents ou des adjectifs verbaux? Ceux-ci s'accordent en genre et en nombre avec le nom auquel ils se rapportent.

1. Dutilleul voulut protester, mais M. Lécuyer, la voix (tonner), le traita de cancrelat routinier, et, avant de partir, (froisser) la lettre qu'il avait en main, la lui jeta au visage. (Marcel Aymé)
2. La figure d'Adrienne resta seule, (triompher) mirage de la gloire et de la beauté, (adoucir) ou (partager) les heures des sévères études. (Gérard de Nerval)
3. Un petit pavillon de la rue (monter) qui menait au cœur du village. (Madeleine Chapsal)

4. Il se retourne, (reconnaître) la voix douce et (chanter) qui l'a bercé toute la nuit. (Michel Tournier)
5. Je vous ai imaginés tous deux ainsi dans la rue, contre l'asphalte, toi (dormir-mourir), moi te (fermer) les yeux… (Philippe Claudel)
6. Le site est bien choisi, pourvu d' (abonder) sources d'eau potable. (*Historia*, 740)
7. Noirceur des jours que trouent de feux (errer) les prunelles des bêtes borgnes. (Jean Grosjean)
8. Il faudrait fermer, au fond de la cour, les portes (battant). (Raphaëlle Billetdoux)
9. Les yeux fermés, (brûler), la tête (bourdonner), je m'arrêtais. (Paul Guth)
10. En récréation, sous les platanes (bourgeonner) de verdures tendres, on détaille les programmes fantastiques apportés par les externes. (Jules Laforgue)

Exercice n° 2

Niveau ++

Idem

1. Les Girondins étaient un groupe d'hommes politiques (influer) de la Convention. (Victor Hugo)
2. A Capri, Tibère donnait des fêtes illuminées par des statues (vivre), (brandir) des torches. (Michel Déon)
3. Vous avez raison aussi de signaler cette Fougère de *La Mise à mort* qui n'est tout de même pas très (convaincre). (François Taillandier)
4. J'attendis trois jours avant de me rendre à la poste (rester).
5. Il y a un système de vases (communiquer). (Michel Tournier)
6. Et puis disons la vérité : ce n'est pas un travail (fatiguer)… (Rabah Belamri)
7. Les écoutes paraissent être pratique (courir) chez certains détectives, (violer) ainsi de manière flagrante la vie privée. (*Presse*, 1996)
8. J'aime un Hémon dur et jeune : un Hémon (exiger) et fidèle, comme moi. (Jean Anouilh)
9. Revenez pour le repas que l'on sert à une heure (sonnant). (Catherine Hermary-Vieille)
10. Je cherchais des gens bien, (exiger), (aimer) et (connaître) le cinéma. (Pierre Moinot)

8. L'adjectif prend-il une majuscule ? (Bu § 100)

8.1. Les mots relatifs à une nation, à une région...

Les adjectifs qui indiquent l'appartenance à une nation, à une région, à une ville... ne prennent jamais de majuscule, à la différence des noms correspondants.

- Les *Algériens* (nom) ne sont pas nombreux dans le Sahara.
- L'indépendance *algérienne* (adjectif) remonte à 1962.
- Les *Lyonnais* (nom) se sont illustrés dans le secteur textile.
- La gastronomie *lyonnaise* (adjectif) est réputée.

Attention !

Le mot *saint*

A. Le mot *saint* prend une majuscule et est suivi d'un trait d'union quand il s'agit d'une localité, d'une montagne, d'un col, d'un fleuve, d'un quartier, d'un ordre religieux, d'un événement historique, d'une rue, d'une fête, d'un organisme, d'une association, d'une place, d'un bâtiment, de notions religieuses...

Saint-Malo, la montagne Sainte-Geneviève, le Grand Saint-Bernard, le Saint-Laurent, le faubourg Saint-Martin, l'ordre de Saint-Benoît, la Saint-Barthélemy, la rue Saint-Roch, la Sainte-Cécile, le Saint-Siège, la Sainte Alliance, le Saint-Empire, l'Esprit-Saint, le Saint-Esprit, le Saint-Père, la Sainte-Vierge, la place Sainte-Catherine, la basilique Saint-Pierre, le Saint-Sépulcre...

L'usage hésite pour : *la sainte messe/Sainte Messe, les lieux saints/Lieux Saints, la sainte table/Sainte Table, le saint sacrifice/Saint Sacrifice, la semaine sainte/Semaine Sainte.*

B. La majuscule disparaît quand il s'agit du personnage, sauf s'il s'agit de personnes dans le patronyme desquels figure le mot *saint*.

Les épîtres de saint Jean, le martyre de sainte Blandine, les écrits de sainte Thérèse...

Louis de Saint-Just, le duc de Saint-Simon, Antoine de Saint-Exupéry...

C. On ne met pas de majuscule quand il est question d'un chien, d'un vin, d'un gâteau, d'un fromage, d'un poisson...

Un saint-bernard, un saint-émilion, un saint-honoré, un saint-paulin, un saint-pierre...

D. Il en est de même dans les exemples suivants où, par ironie, le mot *saint* s'applique à des noms communs.
C'est une sainte nitouche. Je paierai à la saint-glinglin. Il a pris son saint-frusquin.

8.2. Les titres honorifiques

Les déterminants qui entrent dans la composition des titres honorifiques prennent une majuscule.
Sa Majesté, Son Altesse, Votre Excellence...

Majuscule également pour les adjectifs qui tiennent lieu de surnoms :
Philippe le Bon, Alexandre le Grand, Charles Quint...

8.3. Les termes géographiques

A. L'adjectif qui suit le nom commun prend une majuscule si ce nom désigne une catégorie géographique : *le golfe Persique, la mer Noire, le mont Blanc, le lac Majeur, le fleuve Jaune, le cap Gris-Nez, les îles Baléares...*
Exceptions : *le Massif central, le Pays basque, le Quartier latin, la péninsule ibérique.*

B. L'adjectif qui suit le nom fait parfois corps avec lui, s'y joint par un trait d'union et prend une majuscule : *les Pays-Bas, les États-Unis...*

C. Dans les noms des départements français, l'adjectif qui précède le nom prend une majuscule et s'y joint par un trait d'union.
Exemples : *les Alpes-de-Haute-Provence, le Bas-Rhin*

Savoir +

Le département de la *Haute-Vienne*. Mais la *haute Vienne* désignera plutôt la région de la Corrèze où la Vienne prend sa source (le plateau des Millevaches).

8.4. Les noms d'institutions, d'organisations, d'événements, de monuments, de fonctions...

A. On ne met pas de majuscule aux adjectifs qui suivent le nom : *l'Académie française, l'Assemblée nationale, la Communauté économique européenne, la Ligue arabe, l'Empire romain, le Crédit lyonnais, les Nations unies, les Émirats arabes unis, l'École militaire...*

B. Quand il précède le nom, l'adjectif prend la majuscule.

Exemples : *la Grande Guerre, la Seconde Guerre mondiale, l'Invincible Armada, le Premier ministre, la Grande Armée, le Second Empire, la Haute Cour de justice, le Sacré-Cœur, le Moyen-Orient.*

C. L'adjectif qui fait corps avec le nom prend également une majuscule et s'y joint par un trait d'union : *la Croix-Rouge, la Comédie-Française, la Maison-Blanche, le Palais-Royal et le Pont-Neuf* (à Paris), *la Loire-Atlantique, la Forêt-Noire...*

Mémo final

- L'adjectif est un mot qui accompagne le nom ou le pronom et forme avec lui un syntagme nominal.
- L'adjectif qualificatif exprime une caractéristique, une qualité (au sens large du terme).
- Le rôle des déterminants est d'actualiser le nom, de le mettre en rapport avec un contexte.
- Il faut se garder de confondre les déterminants et les adjectifs non qualificatifs.
- La place de l'adjectif qualificatif est généralement assez libre, mais suit cependant quelques règles.
- L'épithète liée évoque une qualité intimement liée au nom et en restreint l'extension. Ce n'est pas le cas de l'épithète détachée.
- Le participe présent est un verbe et fonctionne comme tel. Il est invariable. L'adjectif verbal est un adjectif qui peut varier.
- Certains adjectifs prennent une majuscule quand ils sont relatifs à une nation, une région, une institution, un événement...

- « *Un* chemisier ***chic*** », « *une* veste ***chique*** »…
  Le féminin est-il de bon aloi?

- « *Un* ordre ***exprès*** », « *une* lettre ***express*** »…
  Est-ce bien là le féminin?

- « *Ton* frère *est* ***malin***. » « *Ta* sœur *est-elle* ***maline****?* »
  Rien de particulier?

- « *La* société ***demandeuse*** »
  ou « *la* société ***demanderesse*** »…
  Les adjectifs sont-ils équivalents?

Chapitre 2

Le féminin des adjectifs

Bu **§§ 540 à 550**

1. Règle générale (Bu §§ 541-543)

A. On forme le féminin des adjectifs en ajoutant -e au masculin.

- Un **petit** *mur*, une **petite** *porte*.
- Un **grand** *pignon*, une **grande** *façade*.
- Un *navigateur* **hardi**, une *aviatrice* **hardie**.
- Un *couteau* **pointu**, une *lance* **pointue**.
- Un *garçon* **costaud**, une *fille* **costaude**.
- Un *mari* **cocu**, une *épouse* **cocue**.

B. Les adjectifs terminés par -e au masculin restent tels quels au féminin

- Un *fleuve* **rapide**, une *rivière* **rapide**.
- Le *joueur* **adverse**, l'*équipe* **adverse**.

EXERCICES

Exercice n° 3

Niveau ⊕

LE FÉMININ. Il s'agit de chercher le mot auquel se rapporte l'adjectif entre parenthèses et de l'accorder en genre.

1. Pas une aile (prudent) ou (hardi) dans le vent. (Paul Eluard)
2. Le mot agit, non pas comme une force (idéal), mais comme une puissance (obscur)… (Maurice Blanchot)
3. Mais qui aurait pu imaginer une disparition aussi (brutal) et enragée du troupeau tout entier? (Didier Decoin)
4. La vie est trop (court) pour être (petit). (André Maurois)
5. Une rose d'automne est plus qu'une autre (exquis). (Agrippa d'Aubigné)
6. Cette perfection même me la rendait encore plus (terrifiant). (Marie Cardinal)
7. Ils auront été vaincus à (plat) couture… (Réjean Ducharme)
8. Je gardais (intact) ma passion pour la Négritude. (Léopold Sédar Senghor)
9. Car Laurencin, toute (blond) et (jeune) qu'elle était, n'avait pas peur des mots… (Erik Orsenna)
10. (Grand) chère, (petit) testament. (*Proverbe*)

Exercice n° 4

Niveau ⊕⊕

1. (Grand) pour tous les êtres est la tristesse du soir. (Jules Michelet)
2. Et mon (nouvel) ami avait l'une de ces voix qui vous emportent, (chaud), (grave), (lent), une voix dans laquelle on se blottit dès les premiers mots. (Erik Orsenna)
3. La découverte des Pyrénées fut sans conteste une (grand) aventure (humain) que partagèrent avec plus ou moins de bonheur bon nombre de montagnards. (André Galicia)
4. La Chine disposait dès le Moyen Age d'une classe (marchand) très (dynamique)… (Marie-Claire Bergère)
5. Tous les milieux naturels se trouvent réunis sur une (étroit) frange (littoral) de soixante kilomètres. (*Guide bleu* 2007)
6. Les pharmaciens bénéficient en outre dans une (large) mesure de la confiance des patients. (*Test Santé*, 2008)
7. Une (grand) banque (belge) issue de la fusion d'Ethias, Dexia et Fortis, mythe ou optique crédible? (*Vers l'Avenir*, 23-01-2009)
8. C'est à la commission (provincial) de sécurité routière de se pencher sur le dossier. (*La Libre*, 22-01-2009)
9. Jouant d'ailleurs d'une truculence (verbal) typiquement (toscan) dont Dante était déjà l'héritier… (*L'Histoire*, 2008)
10. L'assaut contre la IVe République est donné par l'insurrection (français) en Algérie et la menace d'une extension sur la métropole. (Valérie-Barbara Rosoux)

2. Remarques sur la règle générale

A. Les adjectifs *maitre/maître* et *traitre/traître* font *maitresse/maîtresse* et *traitresse/traîtresse* (ou *maitre/maître* et *traitre/traître* selon le niveau de langue) au féminin (**Bu § 549**).

- Un **maitre/maître** *atout*, une *branche* **maitre/maître/maitresse/maîtresse**.
- Un *vin* **traitre/traître**, une *parole* **traitresse/traîtresse/traitre/traître**.

B. Mais les adjectifs *drôle, ivrogne, mulâtre, nègre, pauvre, sauvage* et *suisse* ne varient pas au féminin.

- Un *peuple* **sauvage**, une *tribu* **sauvage**.
- L'*art* **nègre**, la *littérature* **nègre**.

Ces mots ont un féminin en -esse quand ils sont des noms.

C. Certains mots qui jouent le rôle de l'adjectif n'ont qu'une forme identique pour le masculin et le féminin : *angora, bien, chic, grenat, kaki, rococo, snob, standard, tabou, vermillon.*
- Un *lapin* **angora**, une *chèvre* **angora**.
- Un *garçon* **bien**, une *fille* **bien**.
- Un *chemisier* **chic**, une *veste* **chic**.

Savoir +

Affin (en mathématique), *melliflu* (= qui distille du miel) et *gitan* peuvent prendre un **-e** au masculin singulier.

Un repère **affin**/**affine**. (= qui est formé sur une droite par deux points distincts)

Un *style* **melliflu**/**melliflue**.

Un *vêtement* **gitan**/**gitane**.

Attention !

Il importe de distinguer les adjectifs **volatil** et **volatile**.

Volatil (= qui peut se transformer en vapeur) : un *produit* **volatil**, une *essence* **volatile**.

Volatile (= qui peut voler) : un *insecte* **volatile**

Savoir +

L'adjectif « gallo » (= qui appartient à la Bretagne non bretonnante, c'est-à-dire à la partie est) est invariable.

La ville de Rennes se trouve dans la *région* **gallo**.

D. *Feu* (= qui est mort depuis peu de temps) varie en genre lorsqu'il est placé entre le déterminant et le nom, après l'article défini ou l'adjectif possessif. Sinon il est invariable.
- Ma **feue** *grand-mère*/**Feu** ma *grand-mère.*
- La **feue** *reine*/***Feu*** la *reine.*
- Le Roi... fit célébrer un service solennel... pour la **feue** *Reine* Marie-Antoinette. (Louis Hastier)

Il est à signaler que certains auteurs ne suivent pas cette règle.
- ***Feue*** *Madame de Cambremer.* (Bu **§ 561 b**)

Pour *défunt*, l'usage hésite.
- **Défunt**/**défunte** la *mère Martin.*

E. *Grand* (avec trait d'union) accompagne des noms féminins dans quelques expressions figées.

grand-*chambre*, pas **grand**-*chose*, **grand**-*croix* (décoration), avoir **grand**-*faim*, **grand**-*foi*, **grand**-*garde*, **grand**-*halte*, **grand**-*hâte*, **grand**-*honte*, **grand**-*lune*, **grand**-*maman*, **grand**-*mère*, *mère*-**grand**, **grand**-*messe*, **grand**-*nef*, **à grand**-*peine*, **grand**-*peur*, c'est **grand**-*pitié*, **grand**-*place*, **grand**-*porte*, **grand**-*poste*, **grand**-*route*, **grand**-*rue*, avoir **grand**-*soif*, **grand**-*tante*, **grand**-*voile*.
Bien entendu, lorsque *grand* sort de l'expression figée, il peut varier en genre comme n'importe quel adjectif.

Je ne sais pas **grand**-*chose*.

C'est une **grande** *chose*.

Savoir +

On dit parfois *grande rue* plutôt que *grand-rue*, *grande route* plutôt que *grand-route* : il y a lieu de tenir compte des usages régionaux. Jadis, on a écrit **grand'rue* avec une apostrophe parce que l'on pensait qu'il fallait signaler la disparition d'un **e** final. L'apparition de cette apostrophe n'a pas de justification.

F. Au féminin, les adjectifs *radin* et *rapiat* prennent **-e** ou gardent leur forme masculine
   - *Elle* est **radin**/**radine**, **rapiat**/**rapiate**.

G. Il y a lieu de préférer *maximal* à *maximum* au masculin singulier et *maximale* à *maximum* ou *maxima* au *féminin* singulier. Idem pour les formes correspondantes de *minimal* et *optimal*. (Bu **§ 549 b**)

EXERCICES

Exercice n° 5

Niveau +

Remarques sur la règle générale du féminin.

1. La Louvière, autre cité sinistrée du bassin industriel wallon où ne survit qu'à (grand)-peine une aciérie dégraissée… (*Le Monde*, 2008)
2. N'oublions pas la méthode naturelle de mère- (grand) qui tachait son oreiller d'une goutte d'essence de citronnelle. (*Presse*, 1996)
3. Ne fais pas rougir de honte (grand)-mère et (grand)-père. (Eugène Ionesco)
4. Françoise s'est acheté une veste (chic).
5. Nous avons une voisine (mulâtre) avec laquelle nous nous entendons fort bien.
6. Les lynx sautaient au col des chevaux, cherchaient du mufle des veines (maitre/maître). (Maurice Genevoix)
7. Il en est une, cuivrée, presque noire, aux attaches fines et à l'élégance (nègre). (Bernard Tirtiaux)

8. A la (feu) gare Montparnasse… (Bu)
9. Il faut dire qu'en ce qui concerne la géographie, je n'ai pas entendu parler de (grand)-chose. (Patrick Cauvin)
10. On m'imposa des formes, des variétés dont je ne m'apercevais qu'ensuite qu'elles ne me convenaient pas du tout ou qu'elles étaient (traitre/traître). (Madeleine Chapsal)

2.1. Exercice n° 6

Niveau ++

1. Toute la famille connaissait bien cette tante (radin).
2. Depuis cette époque mémorable, ils n'avaient pas (grand)-chose à se dire. (Muriel Barbery)
3. J'ai ouï dire à (feu) ma sœur que sa fille et moi naquîmes la même année. (*Le Robert*)
4. Cet atelier avait recours à une essence fort (volatil).
5. De ta (défunt) mère est-ce là la leçon? (Jean Racine)
6. Elle avait une préférence pour la laine (angora).
7. Le retour de la confiance dans le sytème bancaire apparaît aujourd'hui comme une pièce (maitre/maître) du plan de relance. (*Le Soir*, 2009)
8. Vu qu'elle avait une taille (standard), elle trouvait facilement des vêtements à sa mesure.
9. Une bûche, une (maitre/maître) bûche, une vraie bûche de Noël. (*Le Robert*)
10. Il orchestre en effet pour le moment sa prochaine escapade, via un souterrain creusé à (grand)-peine dans le jardin du dey d'Alger. (Bernard Tirtiaux)

3. Redoublement de la consonne finale du masculin (Bu § 544)

3.1. Redoublement du l

Les adjectifs en **-el**, **-eil**

- Un *produit* **mortel**, une *substance* **mortelle**
- Un *usage* **pareil**, une *habitude* **pareille**
- Un *teint* **vermeil**, une *lèvre* **vermeille**
- Un **vieil** *arbre*, une **vieille** *branche*

Savoir +

- Dans l'expression *carte vermeil* (carte de réduction accordée par la S.N.C.F. aux personnes âgées), on sous-entend carte en vermeil (argent doré).
- Un *résultat* **nul**, une *réponse* **nulle**. Un *garçon* **gentil**, *une fille* **gentille**

3.2. Redoublement du n

A. Les adjectifs en **-en**, **-on**

- Un *meuble* **ancien**, une *maison* **ancienne**.
- Un **bon** *livre*, une **bonne** *revue*.

Savoir +

Un temple **mormon**, une *assemblée* **mormone**. (un n)

Un *air* **grognon**, une figure **grognon/grognonne**. (La forme masculine s'applique au féminin.)

Un sorcier **lapon**, une *sorcière* **lapone/laponne**.

Le *pays* **letton**, la *côte* **lettone/lettonne**.

Le *sol* **nippon**, la *tradition* **nippone/nipponne**.

(Deux formes existent au féminin et la première forme est la plus fréquente.)

Une *coiffe* **bigouden/bigoudène**. (de Pont-L'Abbé dans le Finistère)

B. Les adjectifs en **-an** qui suivent redoublent le **n**.

- Un *réflexe* **paysan**, une *danse* **paysanne**.
- Un *étalon* **rouan**, une *jument* **rouanne**. (Rouan se dit d'un cheval dont la robe est composée d'un mélange de poils blancs, jaune rougeâtre et noirs.)
- Le *relief* **valaisan**, la *montagne* **valaisanne**.
- Le *commerce* **veveysan/mosan**, l'*industrie* **veveysanne mosanne** (parfois **mosane)**

Attention !

Tous les autres adjectifs en **-an**, **-ain**, **-ein**, **-in** et **-un** ne redoublent pas le **n**.

- Un *conte* **persan**, une *miniature* **persane**.
- Un *regard* **hautain**, une *attitude* **hautaine.**
- Un *réservoir* **plein**, une *citerne* **pleine**.
- Un *caractère* **voisin**, une *espèce* **voisine**.
- Le *patrimoine* **commun**, la *maison* **commune**.

3.3. Redoublement du s

Les adjectifs suivants redoublent le **s** au féminin : *bas, gras, las, épais, gros, métis.*

- Un *registre* **bas**, une *note* **basse**.
- Un *aliment* **gras**, une *nourriture* **grasse**.
- Un *geste* **las**, une *démarche* **lasse**.
- Un *cou* **épais**, une *taille* **épaisse**.
- Un **gros** *orage*, une **grosse** *averse*.
- Un *tissu* **métis**, une *toile* **métisse**.

Attention !

Un *ordre* **exprès**, une *défense* **expresse**. (= qui exprime formellement la volonté)

Un *courrier* **exprès**, une *lettre* **exprès**. (= qui est transmis/transmise par un messager spécial). * Une lettre **express**.

Un *religieux* **profès**, une *religieuse* **professe**.

Un *vieillard* **perclus**, une *malade* **percluse**.

Un *animateur* **dispos**, une *animatrice* **dispose**.

3.4. Redoublement du t

A. Les adjectifs en **-et** redoublent le **t** au féminin.

- Un *chagrin* **muet**, une *joie* **muette**.
- Un *inventaire* **net**, une *situation* **nette**.
- Un jeune *homme* **coquet**, une *demoiselle* **coquette**.

Attention !

Les adjectifs suivants prennent un accent grave au féminin et ne redoublent pas le **t** : *complet (incomplet), concret, désuet, discret (indiscret), quiet (inquiet), replet, secret.*

Un *tableau* **complet**, une *liste* **complète**.

Un *mot* **concret**, une *mesure* **concrète**.

Un *raisonnement* **désuet**, une *coutume* **désuète**.

Un *avis* **discret**, une *opinion* **discrète**.

Un *local* **quiet**, une *chambre* **quiète**.

Un *individu* **replet**, une *personne* **replète**.

Un *passage* **secret**, une *porte* **secrète**.

B. Les adjectifs suivants redoublent le **t** au féminin : *bellot* (beau et mignon), *boulot* (gros et court), *maigriot, pâlot, sot, (sosot), vieillot.*
- Un *gamin* **bellot**, une *gamine* **bellotte**.
- Un *serveur* **boulot**, une *serveuse* **boulotte**.
- Un *danseur* **maigriot**, une *danseuse* **maigriotte**.
- Un *visage* **pâlot**, une *figure* **pâlotte**.
- Un **sot** *raisonnement*, une **sotte** *réponse*.
- Un *terme* **vieillot**, une *tournure* **vieillotte**.

Les autres adjectifs en **-ot** et les adjectifs en **-at** ne redoublent pas le **t** au féminin.
- Un *calcul* **idiot**, une *déduction* **idiote**.
- Un *souhait* **délicat**, une *attention* **délicate**.

Savoir +

L'adjectif *capot* reste invariable.

Elle est restée **capot**.

EXERCICES

Exercice n° 7

Niveau +

Règles particulières du féminin : redoublement de la consonne finale. Attention aux exceptions !

1. La ville était entièrement (piéton) et assez silencieuse. (Pascal Quignard)
2. Je peignais comme toi, ma (mignon) Yvonnette. (Guillaume Apollinaire)
3. Nous avions l'impression de toucher à une minute (solennel). (Francis Carco)
4. Il y met l'ardeur (las) dont est capable quelqu'un d' (indifférent) à la vie. (Mohammed Dib)
5. Un (gros) figuier, qu'on entourait de paille tous les hivers, se chargeait, en été, de (gros) figues (violet). (Edmond About)
6. Vous savez, dans l'agglomération (parisien), il faut quelqu'un à aimer. (Emile Ajar)
7. Entre les rochers, il y a les racines (puissant), (pareil) à des bras de métal. (Jean-Marie Gustave Le Clézio)
8. Je ferai appel au bon sens et à l'intelligence de ta fille (cadet). (Tahar Ben Jelloun)

9. L'anxiété (maternel) trouve dans cette économie quelque chose de (rassurant). (Rafaël Pividal)
10. La danse est de la musique (visuel). (Maurice Béjart)
11. Il me raconta à nouveau un apologue qu'il avait déjà utilisé : celui de l'épouse un peu (simplet). (Albert Memmi)
12. Les (jeune) entreprises (wallon) méritent d'être mises en valeur. (*Le Soir*, 2008)
13. Les caisses (indien) sont vides et la dette (extérieur) prend des allures de boule de neige. (*Presse*, 1996)
14. Le central (téléphonique) de la capitale (lituanien) a été envahi. (*Presse*, 1996)
15. Figures et propos fameux défilent au gré de (secret) logiques. (Bertrand Poirot-Delpech)
16. Au surplus, ce n'est pas sur ce plan qu'elle est - ou que je la sens- le plus (sujet) à caution. (André Gide)
17. J'ajoutais à son inquiétude en me défendant d'être attiré par la société sous sa forme (actuel)… (Yann Queffélec)
18. Neuf organisations non (gouvernemental) (brésilien) et (international) ont élaboré un pacte ambitieux pour la valorisation de l'Amazone. (*Le Monde*, 2008)
19. Les éclats d'encre (violet) jaspaient des paysages (pointilliste) sur les tranches des registres à façon. (Robert Sabatier)
20. Cette piste ressemblait à une tranchée (bas). (Julien Gracq)

Exercice n° 8

Niveau ++

1. Il se mit à crier les noms comiquement rebaptisés dans sa bouche (teuton). (F. André)
2. (Nul) vie et (nul) bruit. (Charles-Marie Leconte de Lisle)
3. Les fleurs blanches épanouies sur l'eau sont devenues des nids de soleil où des rayons ont déposé la plume (vermeil) des étamines. (Marie Gevers)
4. La patronne était une Française, très (jeune) et très (gentil). (Albert Memmi)
5. Je dirais aussi que notre culture est quelque peu (métis). (Mario Soares)
6. Pour que la métropole (lorrain) reprenne goût à son histoire et redécouvre son (splendide) centre-ville… (*Le Monde*, 2008)
7. Il voulait éprouver les joies (secret) d'une union non consacrée avec les hommes. (Jean Giraudoux)
8. Mais voici les maisons (vieillot). (Valère Gille)

9. Les troupes (soviétique) ont également pris le contrôle de la télévision (letton). (*Presse*, 1996)
10. Il aperçoit près de la bâtisse la jument (rouan) du chevalier attachée par la bride. (Bernard Tirtiaux)
11. Je connais de l'intérieur l'âme (paysan). (Christian Signol)
12. Elles sont aussi (ridicule) et (désuet) parmi vous qu'un (pauvre) cocon dans une fabrique de soie (végétal). (Georges Bernanos)
13. Jusqu'ici, les usines (nippon) de la C.E.E. produisent au ralenti. (*Presse*, 1996)
14. Il s'agit d'une enzyme, de celles qu'on disait (glouton) jadis. (*Presse*, 1996)
15. Qui aurait pu croire qu'au même emplacement se trouvait la (coquet) mercerie de Virginie Châteauneuf? (Robert Sabatier)
16. Sa position sur l'adoption est (sujet) à variation. (*Le Monde*, 2008)
17. Une lumière (méridien) creusait les cavités en ombrant les yeux. (Eric Fottorino)
18. Grand-mère, si (fluet), prenait une (tel) place dans la maison. (Michel Ragon)
19. Poule (faisan) farcie cuite au pot, sauce Albufera. (*Cuisine et vins*, 2008)
20. La réaction, hélas, est fort (différent). (Cruel). (Jean-Michel Barrault)

4. Remplacement de la consonne finale du masculin (Bu § 545)

A. **c** devient **ch** : *blanc*, *franc* (qui a de la franchise) et *sec*.
- Un *papier* **blanc**, une *feuille* **blanche**.
- Un *accord* **franc**, une *opposition* **franche**.
- Un *mur* **sec**, une *route* **sèche**. (Accent au féminin.)

Savoir +

Quand *franc* signifie « dépourvu de tout lien de dépendance », il ne varie pas en genre. Mais on dit la Franche-Comté.

La **franc**-maçonnerie, l'argumentation **franc**-maçonne.

B. **c** devient **qu** : *ammoniac*, *caduc*, *franc* (qui a rapport avec les Francs), *public*, *turc*.
- Un *gaz* **ammoniac**, une *solution* **ammoniaque**.
- Un *usage* **caduc**, une *feuille* **caduque**.

- Le *peuple* **franc**, la *langue* **franque**.
- Un *lieu* **public**, une *réunion* **publique**.
- Un *soldat* **turc**, la *domination* **turque**.

Attention !

Le *théâtre* **grec**, la *tragédie* **grecque**. (**qu** s'ajoute au **-c**.)

Savoir +

Un *chrétien* **laïc** (qui ne fait pas partie du clergé), une *émission* **laïque**.
Un *enseignement* **laïque** (qui est indépendant de toute confession religieuse).
Laïque est parfois remplacé par *laïc* sauf quand le sens est « qui est relatif à la laïcité ».

C. **f** devient **v** : *bref, inventif, naïf, passif,* etc.
- Un *discours* **bref**, une *réponse* **brève** (addition d'un accent grave).
- Un *regard* **naïf**, une *réflexion* **naïve**.

D. **n** devient **gn** : *bénin* et *malin*.
- Un *comportement* **bénin**, une *humeur* **bénigne**.
- Un *développement* **malin**, une *fièvre* **maligne**.

N.B. : Certains auteurs emploient *« maline » pour des personnages qui utilisent un langage populaire.

E. **s** devient **c** : *tiers*.
- Un **tiers** *intervenant*, une **tierce** *personne*.

F. **s** devient **ch** : *frais*.
- Un *ananas* **frais**, une *eau* **fraîche**/**fraiche** (avec ou sans addition d'un accent circonflexe).

Savoir +

Un *fil* **tors**, une *frange* **torse**.
Un *mur* **tors**, une *colonne* **torte** (archaïsme).

G. **x** devient **c** : *doux*.
- Un *gant* **doux**, une *brosse* **douce**.

H. **x** devient **s** : *jaloux* et les adjectifs en –eux.
- Un *homme* **jaloux**, une *femme* **jalouse**.
- Un *plan* **honteux**, une *manœuvre* **honteuse**.
- Un *choc* **victorieux**, une *bataille* **victorieuse**.

Attention !
Un vieux *mur*, une vieille *muraille*.

I. **x** devient **ss** : *faux* et *roux*
- Un **faux** *document*, une *idée* **fausse**.
- Un *feuillage* **roux**, une *chevelure* **rousse**.

EXERCICES

Exercice n° 9

Niveau ⊕

Remplacement de la consonne finale du masculin. Attention ! Beaucoup de cas differents peuvent se présenter.

1. Elle est (doux), (attentif), (aimant) avec eux. (Max Gallo)
2. La surface (boueux) bouillonnait par endroits. (Romain Gary)
3. En vieillissant, j'ai vu que ma figure (caduc) inquiétait les enfants. (Jean-Jacques Rousseau)
4. Nul besoin d'être bien (malin) pour deviner que la jalousie les avait envahis. (Erik Orsenna)
5. C'est ainsi qu'il fit main (bas) sur deux mulets chargés de vin du Languedoc et laissa la vie (sauf) à leur conducteur. (André Chamson)
6. La province passa de la domination (turc) à la domination (chrétien)… (Bernard Tirtiaux)
7. Quelques taches (blanc) et (gris) étirées dans le sens du vent. (Georges Thinès)
8. O vous que rafraîchit l'orage, la force (vif) et l'idée (neuf) rafraîchiront votre couche de vivants… (Alexis Léger)
9. La brise plus (frais) lui coulait sur le visage. (Julien Green)
10. Il penchait vers nous sa joue (sec) et (creux). (François René de Chateaubriand)

Exercice n° 10

Niveau ⊕⊕

1. Avec la chaleur du jour s'éleva une brume (laiteux). (Alain)
2. La terre labourée où mûrissent les graines/Ondulera, (joyeux) et (doux), à petits flots. (Anna de Noailles)

3. Il est toujours intéressant de comparer les déclarations faites à deux opinions (public) (différent). (*La Libre*, 2008)
4. D'importantes compensations pourraient être octroyées à l'université (laïque)… (*Le Soir*, 2008)
5. Les mots sont logés dans les choses, une instance (tiers) se glisse entre nous et les autres… (Alain Finkielkraut)
6. Un homme aux moustaches (roux) vint leur parler. (Rabah Belamri)
7. C'est la plus (méridional) des îles (grec). (Jean d'Ormesson)
8. On commence par des ruminations (bénin), on y prend goût. (Georges Bernanos)
9. Chaque jour, elle dresse un peu plus haut la charge de ses charpentes (tors). (Paul Valéry)
10. Ses fleurs sont des églantines (blanc). (Francis Jammes)

5. Addition d'une consonne + e (Bu § 546)

A. **t** + **e** : *coi, favori, rigolo*
- *Il* se tient **coi**. *Elle* se tient **coite**. (Se tenir coi = ne pas parler, ne pas bouger)
- Son *air* **favori**, sa *chanson* **favorite**.
- Un *spectacle* **rigolo**, une *prestation* **rigolote**.

B. **d** + **e** : *esquimau*
- Un *vêtement* **esquimau**, une *tenue* **esquimaude**.

C. **s** + **e** : *andalou*
- Un *site* **andalou**, la *province* **andalouse**.

Savoir +

Un *gouvernement* **biparti**/**bipartite**.

Une *coalition* **bipartie**/**bipartite**, **tripartie**/**tripartite**.

Un *garçon* **bêta**/**bêtat** (plus rare).

Une *fille* **bêtasse**/**bêtate** (très rare).

Bêtasse peut aussi être employé au masculin.

6. Autres cas (Bu § 547)

A. -eau devient -elle

C'est le cas pour les adjectifs suivants : *beau (bel), jumeau, manceau* (du Mans), *morvandeau/morvandiau* (du Morvan), *nouveau (nouvel), tourangeau* (de Tours).

- Une **belle** *pivoine*, une **nouvelle** *société*, une *sœur* **jumelle**, la *course* **mancelle**, *la forêt* **morvandelle**, *la douceur* **tourangelle**.

B. -er devient -ère

- Mon **cher** *mari*, ma **chère** *femme*.
- Un *écart* **léger**, une *différence* **légère**.
- Son **premier** *vélo*, sa **première** *voiture*.
- Un *athlète* **fier**, une *athlète* **fière**.

C. -eu devient -aïque : *hébreu*

- Un *document* **hébreu**, la *littérature* **hébraïque**.

Attention !

Le *peuple* **hébreu**, la *population* **juive/israélite**.

D. -eux devient -eille : *vieux/vieil*

- Un **vieil** *arbre*, une **vieille** *charmille*.

E. g devient -gue : *barlong, long, oblong*

- Un **long** *sommeil*, une **longue** *nuit*.
- Un *meuble* **oblong** (qui est plus long que large), une *table* **oblongue**.
- Un *manteau* **barlong** (dont le côté le plus long se présente de face), une *jupe* **barlongue**.

Savoir +

Un *camp* **touareg**, une *tribu* **touarègue**.

F. -gu devient –güe/guë : *aigu (suraigu), ambigu, contigu, exigu*

- Un *problème* **aigu**, une *crise* **aiguë/aigüe**.
- Un *son* **suraigu**, une *note* **suraiguë/suraigüe**.
- Un *geste* **ambigu**, une *attitude* **ambiguë/ambigüe**.
- Un *local* **contigu**, une *chambre* **contiguë/contigüe**.
- Un *corridor* **exigu**, une *salle* **exiguë/exigüe**.

G. -ou devient -olle : *fou/fol, mou/mol*
- Un *désir* **fou**, une *passion* **folle**.
- Un *chien* **foufou**, **fou-fou**, une *chienne* **fofolle**.
- Un *gâteau* **mou**, une *pâte* **molle**.

EXERCICES

Exercice n° 11

Niveau ⊕

Addition d'une consonne/autres cas

1. La manière normande est parfois... un peu - comment dirais-je - un peu (naïf), un peu (mou)... (Georges Bernanos)
2. La journée d'hier a été (long), très (long). (Michel Tournier)
3. Profitant de la tempête et de sa (nouveau) liberté, Tac allait à la pêche. (Pascal Bruckner)
4. Peut-être à ces conditions un peu (fou) pourrais-je vous en parler... (Jean-Louis Trassard)
5. Elle savait combien j'aimais l'écriture (concret) et (cursif), son galop (vivant), (volubile). (Patrick Grainville)
6. Les choses ont repris leur dureté (coutumier). (Patrick Modiano)
7. La (vieux) robe rose, pour la danseuse de corde. (Henri Troyat)
8. Je la crois un peu (fou). (François Mauriac)
9. Une (petit) fille (caractériel) déguisée aujourd'hui en (vieux) dame et que rien ne peut satisfaire... (Francis Dannemark)
10. L'établissement (public) et la société (fermier) ont saisi une commission d'arbitrage. (*Sud-Ouest*, 2008)
11. La Banque (central) (européen) n'y est pas (étranger), elle qui a su se montrer (vigilant)... (*La Libre*, 2008)
12. Au milieu de cette activité ralentie et très (ambigu)... (Julien Gracq)
13. On n'était qu'au tiers d'une (beau/bel) après-midi d'été. (Marguerite Yourcenar)
14. Ma (cher) Alex, dit-il, je vous en conjure... (Martha Bibesco)
15. Ici, l'air est (léger), l'ombre (frais). (Jean-Marie Gustave Le Clézio)

Exercice n° 12

Niveau ++

1. La guitare (portugais) à douze cordes est doublée d'une guitare (andalou) (traditionnel). (*Presse*, 1996)
2. Elle ne savait plus ce qu'était une maison (esquimau). (Gabrielle Roy)
3. Cela ramenait tout de même un peu le Grand Nord sauvage et lointain dans cette chambre (exigu). (G. Roy)
4. Nous sommes arrivés à une coalition (triparti). (*Presse*, 1996)
5. Un grand vase que surplomberait une glace (oblong). (Georges Perec)
6. C'est une de ses bottes (favori). (Théophile Gautier)
7. C'est la (premier) présence à la grande classique (manceau) d'une voiture équipée d'un moteur rotatif. (*Presse*, 1996)
8. Ô clignement mystérieux, ombre (aigu) au coin des paupières… (André Malraux)
9. Gérard s'intéresse à la littérature (hébreu).
10. Elle obéit et se tient (coi)… (Geneviève Dormann)
11. La formation (olympien) part (favori). (*Le Figaro*, 2008)
12. Le lendemain, la ponctualité de la Mercedes n'eut d' (égal) que sa blancheur. (Amélie Nothomb)
13. Il ne restait qu'un marasme, une envie de pleurer, toute (bêta/bêtat), toute simple. (Patrick Cauvin)
14. Et soudain, un hurlement, une plainte (inouï) s'éleva, déchirant l'immensité (calme). (Georges Simenon)
15. La charlotte se distingue par sa forme (oblong) et l'harmonie de ses saveurs. (*Cuisine et vins*, 2008)

7. Les adjectifs en -eur et en –teur (Bu § 548)

A. -eur devient -euse
C'est le cas pour les adjectifs auxquels on peut faire correspondre un participe présent en remplaçant **-eur** par **-ant**.

- Un *aspect* **trompeur**, une *apparence* **trompeuse**.
- Un *graphique* **menteur**, une *présentation* **menteuse**.
- Un *public* **connaisseur**, une *assemblée* **connaisseur**/**connaisseuse**.

Attention !

a) Un *poste* **émetteur**, une *station* **émettrice**.
Un *libraire* **éditeur,** une *société* **éditrice**.
Un *appareil* **détecteur**, une *sonde* **détectrice**.
Un *climat* **persécuteur**, une *atmosphère* **persécutrice**.
Un *rôle* **exécuteur**, une *tâche* **exécutrice**.
Un *profil* **enchanteur**, une *ligne* **enchanteresse**.
Un *voyage* **désenchanteur,** une *escapade* **désenchanteresse**.
Un *appel* **vengeur**, une *déclaration* **vengeresse**.
Un *état* **pécheur**, une *vie* **pécheresse**.
Un *événement* **sauveur**/**salvateur**, une *mesure* **sauveuse**/**salvatrice**.
Un *pays* **demandeur**, une *nation* **demanderesse**. (sens juridique)

b) Les adjectifs suivants prennent **e** au féminin : *antérieur* (qui est placé avant dans l'espace ou le temps)/*postérieur, citérieur* (qui est en deçà)/*ultérieur, extérieur/intérieur, majeur/mineur, meilleur, supérieur/inférieur.*
Le *côté* **antérieur**, *la face* **antérieure**.

B. -teur devient -trice
C'est le cas des adjectifs auxquels on ne peut faire correspondre un participe présent en remplaçant **-eur** par **-ant.**

- Un *toit* **protecteur**, une *toile* **protectrice**.
- Un *panneau* **indicateur**, une *plaque* **indicatrice**.
- Un *écrit* **accusateur**, une *tirade* **accusatrice**.
- Un *secteur* **producteur**, une *activité* **productrice**.

Exercices

EXERCICES

Exercice n° 13

Niveau ⊕

Les adjectifs en -eur et –teur

1. J'avais soudain le sentiment de sa présence massive et (protecteur) au sein de sa minuscule colonie. (Julien Gracq)
2. Une équipée de près de 1500 kilomètres… qui le conduit surtout à faire sa première découverte (majeur). (*Historia*, 2008)
3. Le ton sévère est celui d'une maîtresse d'école qui gronde une gamine (menteur). (Françoise Chandernagor)

4. Alors qu'il y aurait matière à une satire féroce et (vengeur), il n'y a jamais de place pour le règlement de comptes. (Alain Finkielkraut)
5. Des créateurs dont le parcours professionnel garantit la compétence aussi bien, voire mieux qu'une carrière (antérieur) dans l'enseignement. (*La Libre*, 2009)
6. Pourtant, une modération du trafic aérien serait vraiment (porteur) de substantielles économies en matière de pollution. (*Le Soir*, 2009)
7. La haie (protecteur) devenait plus épaisse. (Marcel Pagnol)
8. Mais quel soutien, en particulier, pour une Union Soviétique (demandeur)? (*Presse*, 1996)
9. Nous sommes revenues à la situation (antérieur).
10. Déjà, le médecin continuait, décrivant la (solliciteur) attention qu'il avait de tout temps portée aux hallucinations de ses malades. (Marguerite Yourcenar)

Exercice n° 14

Niveau ++

1. C'est surtout pour des problèmes de l'appareil (locomoteur) que les gens ont recours à l'acupuncture. (*Test Santé*, 2008)
2. Ces actions, parfois fondées, parfois inutilement (querelleur), retardent certains projets d'aménagement essentiels pour l'économie ou la mobilité. (*Le Soir*, 2009)
3. Si quelque transgresseur enfreint cette promesse/Qu'il éprouve, grand Dieu, la fureur (vengeur). (Jean Racine)
4. Les capacités de production électrique que le groupe a développées au Moyen-Orient sont désormais (supérieur) à celles qui nous restent en Belgique. (*L'Echo*, 2009)
5. Troublantes lettres (salvateur). (*La Libre*, 2009)
6. Des mesures (correcteur) devront être prises par l'exploitant. (*Le Soir*, 2009)
7. La substance (pécheur) et corrompue de l'homme… (*Le Robert*)
8. D'autres plaçaient dans ces deux sociétés, réputées stables, gérées de manière (conservateur), leur épargne en vue d'une retraite confortable. (*L'Echo*, 2009)
9. Aucun terme ne peut être plus (trompeur) que « rafraîchisseur d'air », puisqu'en utilisant ces produits, on charge l'air plutôt qu'on ne le rafraîchit. (*Test Santé*, 2008)
10. De l'absolu pouvoir vous ignorez l'ivresse/Et de lâches flatteurs la voix (enchanteur). (Jean Racine)

8. Adjectifs usités à un seul genre (Bu § 530)

a) Certains adjectifs ne semblent connaître qu'un seul genre et ne s'emploient généralement qu'avec un seul nom ou avec un nombre très réduit de noms. Voici les plus fréquents.

Savoir +

1. Masculin

Un *vent* **alizé** (qui souffle des tropiques vers l'équateur), du *bois* **arsin** (endommagé par le feu), un *rubis* **balais** (rose pâle), un *garçon* **benêt** (niais), un *chou* **cabus** (à tête ronde et à feuilles lisses), du *bois* **chablis** (abattu par le vent ou tombé de vétusté), un *vent* **coulis** (qui se glisse par les ouvertures), un *œuf* **couvi** (gâté), un *carme* **déchaux** (sans bas), un *vent* **étésien**, un *jour* **férié** (où il y a cessation de travail), un *mur* **gouttereau** (muni d'une gouttière), un *feu* **grégeois** (qui présente un mélange de soufre, de poix et de salpêtre), un *poulain* **hongre** (châtré), un *bateau* **langoustier** (équipé pour la pêche à la langouste), un *hareng* **pec** (salé), un *bois* **pelard** (dépouillé de son écorce), un **preux** (vaillant) *chevalier*, un *acide* **pyroligneux** (obtenu par distillation sèche du bois), un *cheval* **rubican** (dont la robe est semée de poils blancs), un *marais*/un *puits* **salant**, un *hareng* **saur** (fumé), un *triangle* **scalène** (aux côtés inégaux), un *courant* **triphasé** (à trois phases), un *marbre* **turquin** (bleu), un *papier* **vélin** (très blanc et de pâte très fine), du *sirop/miel* **violat** (qui contient de l'extrait de violettes), un *commissaire* **voyer** (chargé de surveiller l'état des voies de communications).

2. Féminin

Une *partie* **aliquote** (qui est contenue un nombre exact de fois dans un tout), une *bête* **asine** (un âne ou une ânesse), une *bouche* **bée** (ouverte), une *année* **bissextile**, une *jument* **bréhaigne** (stérile), la *veine* **cave** (chacune des deux grosses veines qui collectent le sang désoxygéné), une *porte* **cochère**, une *humeur/ignorance* **crasse**, la **dive** *bouteille*, de la *soie* **grège** (que l'on obtient par simple dévidage du cocon), une *moelle* **épinière** (partie du système nerveux central située dans la colonne vertébrale), une *proposition* **incidente/incise**, une médaille **incuse** (au revers du même type que l'avers), une *femme* **menstruée** (qui a ses règles), la **mère** *laine* (la plus fine prise sur le dos des brebis)/la **mère** *goutte* (première huile qui sort des olives pressées)/une *teinture* **mère** (qui est très concentrée et utilisée pour la dilution), une *bande* **molletière** (qui couvre la jambe), une *lettre* **missive** (confiée à un particulier ou à la poste), une *noix* **muscade**, une *dent* **œillère** (voisine de l'œil), une *porte* **palière** (qui s'ouvre sur un palier), une *humeur* **peccante** (mauvaise), une *pierre* **philosophale** (qui pouvait transmuer les métaux en or), une *œuvre* **pie** (pieuse), une *femme* **polyandre** (qui a plusieurs maris ou plusieurs amants)/une *plante* **polyandre** (qui a plusieurs étamines), une *poule* **pondeuse**, *la veine* **porte** (qui ramène au foie le sang des organes digestifs abdominaux), une *brebis* **portière** (qui porte ou est en âge de porter des petits), une *jument* **poulinière** (destinée à la reproduction), une *eau* **régale** (qui a la propriété de dissoudre l'or et le platine), une *laie* **suitée** (qui est suivie de ses marcassins), une *pierre* **tombale**, une *rose* **trémière** (= primerose ou passerose), une *noix* **vomique** (qui contient de la strychnine).

La plupart de ces adjectifs s'emploient aussi bien au pluriel qu'au singulier. Mais certains demandent le singulier.

Une *porte* **cochère**, des *portes* **cochères**. Une *humeur* **peccante**, des *humeurs* **peccantes**. Un *carme* **déchaux**, des *carmes* **déchaux**.

La **dive** *bouteille*.

8.1. b) Savoir +

a) *Accort, aquilin, bot, efféminé, enceint, fat, hommasse, intestin, muscat, pluvial, prude* et *vatican* existent au masculin et au féminin.

Un *homme* **accort** (aimable), une **accorte** *servante*.

Un *nez* **aquilin**, une *courbe* **aquiline**.

Un *pied* **bot** (= déformé), une *main* **bote**.

Un *homme* **efféminé**, une *démarche* **efféminée**.

Un *adolescent* **enceint** (au sens figuré) (du fait d'un déguisement), une *femme* **enceinte**.

Un **garçon fat** (imbu de lui-même), une *attitude* **fate**.

Un *indice* **hommasse**, une *fille* **hommasse**.

Un *mouvement* **intestin**, une *querelle* **intestine**.

Un *raisin* **muscat**, une *saveur* **muscate**.

Le *régime* **pluvial**, une *eau* **pluviale**.

Un *air* **prude**, une *fille* **prude** (qui a une grande pudeur).

Le *cérémonial* **vatican**, la *Bibliothèque* **vaticane** (de l'Etat du Vatican).

b) Certains adjectifs, qui ne se rapportent qu'à un nom ou à un nombre réduit de noms, existent pourtant dans les deux genres : *régalien/régalienne, scarlatin/scarlatine, théologal/théologale, tironien* (qui s'apparente à la sténographie)/*tironienne*.

Un *droit* **régalien**, une *coutume* **régalienne**.

Un *rhume* **scarlatin**, une *fièvre* **scarlatine**.

Le *domaine* **théologal**, une *vertu* **théologale**.

Un *texte* **tironien**. Le XVIIe siècle… redécouvre ces *notes* **tironiennes**. (Isabelle Rambaud)

Exercices

EXERCICES

Exercice n° 15

Niveau +

Adjectifs usités à un seul genre. Quels sont-ils et à quels mots se rapportent-ils ?

1. Antoine Blondin aimait peut-être un peu trop la dive bouteille.
2. Saint-Hilaire est un pays de coteaux, lieu de tendresses, plein de fleurs : cosmos, roses trémières… (Jean Giono)
3. Le propriétaire de ce centre équestre possède une fameuse jument poulinière.

4. Tout en parlant, il roulait des bandes molletières autour de ses grosses jambes. (Jean Cocteau)
5. Sur la tuile faîtière du mur parut enfin le chat de ferme. (Sidonie Gabrielle Colette)
6. Sa bouche resta bée un instant. (Franz-Olivier Giesbert)
7. Olivier se dissimula sous le porche d'une porte cochère. (Robert Sabatier)
8. … Tandis que la cultivatrice, une jeune femme dodue avec une fossette accorte de chaque côté des commissures, me servait en souriant. (Muriel Barbery)
9. On eût dit une rencontre fortuite des voyageurs dans une hôtellerie. (Alphonse de Lamartine)
10. Elle le suivit jusqu'à la porte palière. (Françoise Giroud)

Mémo final

- On forme le féminin des adjectifs en ajoutant un **e** au masculin.

- Il existe des cas de redoublement de la consonne finale :
  - Le **l** aux adjectifs en -**el** et -**eil** ;
  - Le **n** aux adjectifs en -**en** et -**on** et à certains adjectifs en -**an** ;
  - Le **s** aux adjectifs terminés par **s** ;
  - Le **t** à la plupart des adjectifs terminés en -**et**.

- La consonne finale du masculin est parfois remplacée. C'est ainsi que :
  - Le **c** peut devenir -**ch** ou -**qu** ;
  - Le **f** peut se transformer en **v** ;
  - Le **n** peut devenir -**gn** ;
  - Le **s** peut être remplacé par **c** ou -**ch** ;
  - Le **x** peut s'effacer au profit de **c**, **s** ou -**ss**.

- On peut parfois ajouter une consonne (**t**, **d** ou **s**) devant **e**.

- Certains adjectifs en -**eau** font leur féminin en -**elle**. **Er** devient -**ère** ; **g** devient -**gue**...

- Les adjectifs auxquels on peut faire correspondre un participe présent en remplaçant -**eur** par -**ant** font leur féminin en -**euse**. Sinon le féminin est en -**trice**.

- Certains adjectifs ne sont utilisés qu'à un seul genre.

- « *Des* crayons **bleus** « *ou* « *des* crayons **bleux** »?
- « **Feu** *les rois* », *mais* « *les* ***feus*** *rois* ».?
- *Dans le régime féodal, parlait-on de* « moulins **banals** » *ou de* « moulins **banaux** »?
- *On entend dire* « *les* classements ***finals*** » *et les* « classements ***finaux*** ». *Quel est le bon pluriel?*

Chapitre 3

Le pluriel des adjectifs

le bon usage **§§ 551 à 561**

1. Règle générale (Bu §§ 552, 554 b)

Le pluriel se forme en ajoutant **s** au singulier.

- Le **jeune** *chat*, les **jeunes** *chats*.
- La **petite** *table*, les **petites** *tables*.
- Le **grand** *arbre*, les **grands** *arbres*.
- La *fatigue* **consécutive** à l'opération. Le malade a eu de la fièvre cinq *jours* **consécutifs**.

Savoir +

Un chien **foufou**, des chiens **foufous**/**fou-fous**.

EXERCICES

Exercice n° 16

Niveau +

LE PLURIEL. Il s'agit de chercher le mot auquel se rapporte l'adjectif entre parenthèses et de l'accorder en nombre.

1. Les yeux sont aussi (trompeur) que la parole. (André Chamson)
2. Poum! parmi les (tendre) bégonias (prêt) à fleurir, et qui ne fleuriront plus… (Sidonie Gabrielle Colette)
3. Le sol est fait de (large) carreaux couleur miel. (Janine Boissard)
4. On ne peut jeter un regard dans ces ravins (parallèle) qu'après les avoir outrepassés. (Lucien Briet)
5. Chez cette naine, les vices étaient (gigantesque). (Paul Morand)
6. Ces dessins ne sont pas (vendable). (François Nourissier)
7. Eh bien! puisque nous sommes très (content), tous les trois, nous irons au théâtre ce soir. (Marie-Claire Blais)
8. Convaincre les industriels (wallon) de partir à la conquête du marché chinois ne va pas de soi. (*Le Vif*, 2008)
9. Les cheveux étaient (blond) et (souple). (Vercors)
10. Nous disposons de documents (sonore) et (visuel). (Michel Houellebecq)

Exercice n° 17

Niveau ➕➕

LE FÉMININ ET LE PLURIEL. Les adjectifs qui suivent peuvent changer de genre et de nombre. Il convient de rappeler que l'adjectif est parfois éloigné du nom auquel il se rapporte.

1. Alors les jours commencèrent à défiler, (monotone). (Louis Pergaud)
2. Ils se sont arrêtés ainsi dans le champ de (plein) campagne que ferment les haies (haut) et bien (profond). (Jean Thibaudeau)
3. Nos termes sont (pareil) par leur (court) durée. (Jean de La Fontaine)
4. Nos (moindre) œuvres sont comme des objets où nous ne pouvons pas ne pas laisser, (invisible), la trace de nos doigts. (Marguerite Yourcenar)
5. La peau (clair) comme lait, les yeux (vert) comme l'eau, ils secouaient sur leurs épaules une masse de cheveux du métal le plus (fin)… (Michel Tournier)
6. Mes papiers de *La France du Sud-ouest*, M. Lousteau les trouvait (supérieur). (François Mauriac)
7. Les bruits qui voyagent sur l'eau, et qu'elle porte si loin m'ont été (familier). (Julien Gracq)
8. Et maintenant, il s'était plongé dans les (froid) ténèbres. (Jean d'Ormesson)
9. On l'avait vu pleurer à (chaud) larmes face aux caméras de télévision du monde (entier). (*Le Figaro*, 2008)
10. Si Madame Parisot veut aller en justice, nous irons (serein) et (tranquille). (*Le Figaro*, 2008)
11. Ils laissent partout des lacunes que je trouve (intolérable). (Georges Thinès)
12. Les ingénieurs de Louis XIV ne seront pas aussi (rapide) que lui, les (premier) projets de fortifications et d'agrandissement sont jugés (insuffisant). (Jacques Duquesne)
13. Ces symboles sont le signe de forces (mûr). (Antonin Artaud)
14. Transition (violent) et apaisée lorsque Bonaparte remplacera le bonnet (phrygien) par les palmes (consulaire), puis la couronne (impérial). (Luc Beyer de Ryke)
15. Le latin apporté en Gaule par les légions (romain) avait fini par éclater en de (multiple) dialectes. (Jean Lechanteur)
16. Et des images (laid), (atroce), (sanglant) de guerres, de meurtres, d'assassinats… (Philippe Claudel)
17. Après ces (torride) journées (espagnol), les (illustre) voyageurs ont choisi le calme de la région lozérienne. (Jean-Paul Ollivier)
18. Ces Croisés, qui sont devenus les Latins d'Orient, mettent en place les structures (féodal) qu'ils connaissaient en Occident. (Alain Demurger)
19. Les rires fusèrent de plus belle, (vulgaire), monstrueux. (Vincent Engel)

20. (Conscient) de l'importance des enjeux, mais rompus depuis longtemps à dresser des palmarès, les courtiers (girondin) n'ont pas fait le travail par-dessus la jambe. (Bernard Pivot)

2. Règles particulières (Bu §§ 552 b et c, 554 b 1)

2.1. Les adjectifs terminés au singulier par -s ou -x ne varient pas au pluriel

Bu § 552 c

- Un *papier* **gras**, des *papiers* **gras**.
- Un *produit* **dangereux**, des *produits* **dangereux**.

2.2. Les adjectifs en -eau prennent un x au pluriel

Bu § 552 b

- De **beaux** *fruits* **jumeaux**.
- De **nouveaux** *vêtements*.
- Des *paysages* **manceaux** (du Mans), **morvandeaux**/**morvandiaux** (du Morvan), **tourangeaux** (de la Touraine).

Savoir +

a) *Esquimau* et *hébreu* suivent cette règle.
Des *chiens* **esquimaux**, des *livres* **hébreux**.

b) *Bleu* et *feu* prennent **s** au pluriel.
- Des *crayons* **bleus**.
- Les **feus** *rois*, mes **feus** *grands-parents*.
- Le Roi... fit célébrer un service solennel en l'église métropolitaine de Paris pour les **feus** *Rois* Louis XVI et Louis XVII. (Louis Hastier)

Feu ne prend pas le pluriel quand il est placé devant l'article ou l'adjectif possessif et le nom. (Bu §§ 324 a, 552 b et 561 b)
Feu les *rois*, **feu** mes *grands-mères*.

2.3. La plupart des adjectifs en -al changent -al en -aux au pluriel

Bu § 553 a

- Un *procédé* **normal**, des *procédés* **normaux**.
- Un *concert* **estival**, des *concerts* **estivaux**.

- Un *invité* **jovial**, des *invités* **joviaux**.
- Un *effet* **maximal**, des *effets* **maximaux**.
- Quelques autres adjectifs qui suivent cette règle : *ancestral, augural, automnal, colossal, filial, frugal, général, génial, guttural, initial, matinal, monacal, théâtral, triomphal...*

Attention !

Il faut éviter au pluriel les formes *maximums* et *maxima, minimums* et *minima, optimums* et *optima*. L'Académie demande d'avoir recours aux adjectifs *maximal, minimal et optimal.* (Bu **§ 549 b**)

Savoir + (Bu **§ 553 b et c**)

Les adjectifs suivants changent -**al** en -**als** au pluriel : *bancal, fatal, fractal, natal, (néonatal), naval (aéronaval), tombal, tonal.*

Un *accident* **fatal**, des *accidents* **fatals**.

Un *paysage* **natal**, des *paysages* **natals**.

Un *monument* **tombal**, des *pierres* **tombales**.

Un *combat* **naval**, des *combats* **navals**.

Un *objet* **fractal**, des *objets* **fractals**. (dont la forme ne trouve ses règles que dans la fragmentation)

Attention !

a) *Banal* a deux pluriels : *banals* et *banaux*.

D'une façon générale, on emploie *banals* dans le sens « ordinaire » et *banaux* dans le sens féodal [qui appartiennent au ban, c'est-à-dire au domaine du seigneur].

Un *compliment* **banal**, des *compliments* **banals**.

Un *moulin* **banal**, des *moulins* **banaux**.

Mais on rencontre aussi *banaux* pour le sens « ordinaire ».

Un *exposé* **banal**, des *exposés* **banaux**.

b) Certains adjectifs présentent deux pluriels pour un même sens : *austral, boréal, causal, choral, facial, final, glacial, idéal, marial, nasal, pascal, tribal.*

Des *problèmes* **australs**/**austraux**.

Des *territoires* **boréals**/**boréaux**.

Des *enchaînements* **causals**/**causaux**.

Des *chants* **chorals**/**choraux**.

Des *résultats* **finals**/**finaux**.

Des *vents* **glacials**/**glaciaux**.

Des *caractères* **idéals/idéaux.**

Des *sanctuaires* **marials/mariaux.**

Des *cierges* **pascals/pascaux.**

c) Dans le domaine médical, on rencontre souvent le pluriel en -**aux** pour les composés de *natal.*

Des *dangers* **néonataux.**

Des *accidents* **périnataux.**

Des *examens* **prénataux.**

d) Les composés de *tonal* prennent -**aux** au pluriel.

Les *systèmes* **atonaux.**

Des *éléments* **bitonaux.**

e) *Egal* reste au singulier et ne s'accorde pas avec l'attribut lorsqu'il signifie « indifférent », pour éviter la confusion avec *égal* signifiant « de même valeur ».

Les *résultats* sont **égaux.**

Les *résultats* me sont **égal.**

Savoir +

Les adjectifs suivants présentent des variantes pour un même sens. (Bu **§ 553 d**)

Pénitential/pénitentiel

Des psaumes **pénitentiaux/pénitentiels**, des *œuvres* **pénitentielles.**

Préjudicial/préjudiciel

Des frais **préjudiciaux/préjudiciels**, des *actions* **préjudicielles.**

Sapiential/sapientiel

Des *livres* **sapientiaux/sapientiels**, des *littératures* **sapientielles.**

Déchaux/déchaussé

Un *carme* **déchaux/déchaussé**, des *carmes* **déchaux/déchaussés**

Les *carmes* **déchaux** optaient généralement pour la contemplation. (Michel Cloet)

f) *Grand* a un double pluriel dans les exemples suivants.

Des **grand**-*croix*/des **grands**-*croix.*

Des **grand**-*mères*/des **grands**-*mères.*

On écrit : des mères-**grand.**

Savoir +

Certains adjectifs ne semblent pouvoir s'appliquer qu'à un seul nom et ne se rencontrent qu'au pluriel. (Bu **§ 554 b**)

Des *fourches* **caudines**, des *dépouilles* **opimes** (celles d'un général ennemi) (au figuré, riches).

Quelques-uns ne se rapportent qu'à un seul nom mais se rencontrent au singulier et au pluriel.

Un *œil* **vairon**, des *yeux* **vairons** (à l'iris cerclé d'une teinte blanchâtre/qui ont des couleurs différentes).

Attention !

L'adjectif *mal* (= mauvais) ne se rencontre qu'au singulier et varie en genre. (Bu **§ 554 a**)

Bon an **mal** *an*.

L'installation des minoteries l'avait rendu comme fou de **male** *rage*. (Bu)

Quand *mal* est adverbe, il est invariable.

Cette chanson n'est pas **mal**.

g) L'adjectif *pers* (où le bleu domine) se rencontre au singulier et au pluriel et peut se rapporter aux couleurs, aux vêtements, aux paysages...

Un *tailleur* **pers**, une *étoffe* **perse**, des *yeux* **pers**.

h) *Chic* peut varier en nombre ou rester invariable.

Ils habitent dans des *quartiers* **chic**/**chics**.

EXERCICES

Exercice n° 18

Niveau +

1. Les contacts (primordial) sont coupés. (André Breton)
2. Parfois des chênes (jumeau) se disputaient l'air et la lumière. (Franz Hellens)
3. Ils se massèrent en un seul bloc, les flancs soulevés par les halètements (colossal) sur leurs énormes pattes qui tremblaient. (Joseph Kessel)
4. Alors, d'instinct, les deux (grand)-mères se séparèrent l'une de l'autre. (Antonine Maillet)
5. Des gribouillages (initial), elle en était venue à des formes plus (doux), moins (répétitif). (Patrick Cauvin)

6. Et je crois aux aérolithes (mental), à des cosmogonies (individuel). (Antonin Artaud)
7. Je vais vous montrer dans quel état sont vos (principal) organes. (Jules Romains)
8. Mon arrière-(grand)-père et mes (grand)-oncles ont péri sur l'échafaud. (François Mauriac)
9. J'ai vu des archipels (sidéral). (Arthur Rimbaud)
10. Il nous regardait avec des yeux (nouveau), des yeux d'espoir. (Roland Dubillard)
11. Je me souviens de la douleur terrible, un coup de poignard, que nos (grand)-mères appelaient angine de poitrine et aujourd'hui les médecins, angor de Prinzmétal. (Jean-François Deniau)
12. Concernant le marché de gros, toujours, mais pour l'électricité cette fois, on constate une (léger) diminution du volume (total) d'énergie consommée par les clients (final). (*Le Soir*, 2008)
13. Mais c'était une autre époque où les pouvoirs (local) étaient (moindre). (*La Libre*, 2008)
14. C'est dans les pays (émergent) que se dessine l'avenir des cimentiers (hexagonal). (*Le Figaro*, 2008)
15. Le problème n'est pas de savoir si les ministres sont de droite ou de gauche, mais qu'ils sont (clair) et (courageux.) (*Le Figaro*, 2008)

Exercice n° 19

Niveau ++

1. Jolie, avec des yeux (pers), le corps élancé, la chevelure (brune) et (abondant), elle est (vif), voire agitée, surtout (imprévisible). (Patrick de Carolis)
2. Les fabricants de tabous (nouveau) ne sont point (anonyme). (*La Libre*, 2008)
3. De temps en temps, je prendrai sur nos pas (égal) (quelque) pas de retard… (Raphaëlle Billetdoux)
4. Nous privilégions les pays (fédéral). (*Le Soir*, 2008)
5. On le torture, on lui serre les poignets jusqu'à les rendre (bleu). (Max Gallo)
6. Je crois que l'affaire est assez (banal) dans la mesure où l'on sait que des gens mettent leur argent dans des paradis (fiscal). (*Le Figaro*, 2008)
7. Au loin, les grues des chantiers (naval) percent le ciel azur tandis que la Tamise serpente vers son destin. (Guillaume Prébois)
8. A dire vrai, les entretiens accordés à la presse francophone sont (banal) et ne recèlent rien d'inattendu. (*La Libre*, 2008)

Exercices

9. Les symphonies de Sibelius, lentement, émergent des limbes (boréal). (*Presse*, 1996)
10. Nous étions installés au fond de la boutique rouge et chaude, brusquement traversée par de (glacial) coups de vent. (Alain-Fournier)
11. Aujourd'hui le gouvernement prenait soin de ses enfants (esquimau). (Gabrielle Roy)
12. Mes (feu) (grand)-parents (paternel) reposent dans un cimetière près de la frontière franco-belge.
13. Cet historien, spécialiste du Moyen Age, a alors exposé le fonctionnement des moulins (banal).
14. Pour (banal) qu'ils soient, ces (curieux) (petit) dialogues, maintenus après l'ultime séparation, donnent comme un écho de ce que pouvaient être, (tendre) ou (acide), les conversations (quotidien). (Josyane Savigneau)
15. Voyageant sur des cargos (naval) pour m'oublier… (Yann Queffélec)

Mémo final

- Le pluriel des adjectifs se forme en ajoutant **s** au singulier.
- Les adjectifs terminés au singulier par **s** ou **x** ne varient pas au pluriel.
- Les adjectifs en -**eau** prennent **x** au pluriel.
- La plupart des adjectifs en -**al** changent -**al** en -**aux** au pluriel. Cependant certains adjectifs en -**al** prennent **s** au pluriel. D'autres adjectifs en -**al** admettent les deux pluriels.

- *« Mademoiselle, vous êtes* ***charmantes****… »*
  Est-ce là un bon accord?
- *« Du* poisson *de mer* ***frais*** *»*
  ou « du poisson de mer ***fraiche/fraîche*** *»?*
- *« Cette prune a l'*air ***bon*** *» ou « cette* prune
  *a l'*air ***bonne*** *»… L'air fait-il la chanson?*
- *«* ***Mon cher*** collègue *et* ami *»*
  ou « ***mes chers*** collègue *et* ami *»?*

Chapitre 4

L'accord de l'adjectif

le bon usage Bu **§§ 424 à 454**

1. L'adjectif qui se rapporte à un seul nom (ou à un pronom)

(Bu **§§ 248-252, 412 a et R2, 426 b, 562**)

A. L'adjectif s'accorde en genre et en nombre avec le nom (ou le pronom) auquel il se rapporte.

C'est une *route* **dangereuse**. (L'adjectif épithète suit le nom.)
Voilà enfin une **bonne** *nouvelle*. (L'adjectif épithète précède le nom.)
Joyeuses, *elles* chantaient à tue-tête. (L'épithète détachée précède le pronom.)
Ils attendaient, **inquiets**. (L'épithète détachée suit le pronom.)
Vos *précisions* sont **inexactes**. (Attribut du sujet.)
Cette robe, je *la* trouve **parfaite**. (Attribut du pronom complément direct)

Attention !

a) A la différence du verbe, l'adjectif ignore la distinction des personnes grammaticales. Il s'accorde en genre et en nombre comme le participe passé.

b) Quand le sujet n'est pas exprimé, l'adjectif attribut s'accorde avec le sujet implicite. Pour cela il convient de tenir compte du contexte.
Soyons **rapide**. (On s'adresse à soi-même.) (Pluriel de modestie.)
Soyez **attentive**. (On s'adresse à une femme.) (Pluriel de politesse.)
Soyons **rapides**. (On s'adresse à un groupe dont on fait partie.) (Pluriel de société.)
Soyez **attentifs**. (On s'adresse à plusieurs hommes ou à un groupe mixte.)
Soyez **attentives**. (On s'adresse à plusieurs femmes.)

c) On peut être amené à accorder l'attribut avec un sujet éloigné.
Il est vrai que *nous* sommes espionnés et copiés par la concurrence.
D'une certaine façon, il faut en être **contents**.

d) Quand l'adjectif est attribut d'un infinitif ou d'une proposition, il est invariable.
Dire la vérité est parfois **délicat**.
Que la pluie tombe sans cesse est **déprimant**.

e) L'attribut qui précède le sujet dans des tournures elliptiques ou averbales reste invariable. (Bu **§ 429 a 1**)

A quoi **bon** ces *raisonnements ?* (= Pourquoi ces raisonnements ?)

Pauvre(s) de *nous* ! (L'usage hésite. Joseph Hanse recommande l'accord.) (Bu **412 a**)

B. **Quel genre ? Quel nombre ?**

Pour bien accorder l'adjectif avec le nom auquel il se rapporte, il est primordial de connaître le genre et le nombre de celui-ci.

1. Le genre (Bu §§ 481, 482)

a) Il est des noms sur le genre desquels on peut hésiter. Un recours au dictionnaire est prudent. En voici quelques-uns.

Sont masculins : aphte, armistice, astérisque, en-tête, entracte, hémisphère, intervalle, ovale, pétale, tagète...

Sont féminins : amnistie, argile, atmosphère, caténaire, épithète, épitaphe, équerre, équivoque, moustiquaire, vis...

b) Certains noms ont un sens différent selon qu'ils sont masculins ou féminins. Il importe donc de bien examiner le contexte. C'est le cas des noms suivants : crêpe, garde, livre, moule, mousse, pendule...

c) Quelques noms ont un double genre : après-midi, alvéole, anagramme, araire, automne, palabre...

d) Certains noms changent de genre avec le nombre : amour, délice, orgue...

2. Le nombre (Bu §§ 507-511)

a) Quelques noms existent sous la même forme au singulier ou au pluriel. C'est le contexte qui permet la distinction. Exemples : lis, nez, ours, poids, prix, radis...

b) D'autres ne sont employés qu'au singulier. Exemples : botanique, confiance, foi, nord, prochain...

c) Quelques-uns ne sont utilisés qu'au pluriel. Exemples : armoiries, arrhes, condoléances, fiançailles, hardes, matines, mœurs, obsèques, rillettes, thermes...

EXERCICES

Exercice n° 20

Niveau ⊕

L'adjectif se rapporte à un seul nom ou à un seul pronom du féminin.

1. Trois d'entre eux ne possédaient plus une (seul) dent. (Jean Dutourd)
2. Angélique avait vingt ans et elle était très (joli), ce qui, contrairement à l'opinion courante, ne l'empêchait pas d'être (intelligent). (Jean Dutourd)
3. Depuis des années, une politique européenne de l'immigration (légal) et (illégal) apparaît plus que jamais nécessaire. (*Le Soir*, 2008)
4. S'il faut en garder (vif) la mémoire… (Bernard-Henri Lévy)
5. Ma soeur (cadet) Mona partira en Algérie. (Jean-François Deniau)
6. L'avenue (central), taillée dans le lit d'une rivière disparue depuis l'âge de la pierre, la traversait en coup de vent. (Colette Nys-Mazure)
7. La (dernier) goutte d'eau est celle qui fait déborder le vase. (Proverbe)
8. Et ma ville (natal) est à mon image. (Albert Memmi)
9. Elle lui apparut fort (mignon). (Eric-Emmanuel Schmitt)
10. Le mot agit, non pas comme une force (idéal), mais comme une puissance (obscur). (Maurice Blanchot)

Exercice n° 21

Niveau ⊕⊕

L'adjectif se rapporte à un nom ou à un pronom du pluriel.

1. Elle a toujours des yeux aussi (noir) et (profond), seulement ils ne brillent plus. (Xavier Deutsch)
2. Jusqu'à présent, ces prescriptions m'avaient paru (importun). (Jacqueline Harpman)
3. Sur le bateau, un haut-parleur diffusait des chansons (mièvre). (Amélie Nothomb)
4. Nous devions attendre debout près d'eux, en rangs (parfait), (immobile). (Philippe Claudel)
5. Ils sont (plein) de confiance en eux. (François Nourissier)
6. (Beau/bel) consonnes (altier) et (tranchant) dans le miroitement des voyelles ! (Patrick Grainville)
7. Le concept même de classiques (flandrien) ou (ardennais) est ambigu. (Philippe Delerm)
8. Les transports sont devenus si (cher) que la plupart du temps, aller travailler ne sert qu'à payer le déplacement. (*Le Monde*, 2008)

9. Que les enfants soient (mortel), je l'ignorais, avant. (Marie Darrieussecq)
10. Limiter et contrôler sévèrement l'usage des pesticides et des engrais (chimique). (*Le Soir*, 2008)

Exercice n° 22

Niveau ⊕⊕

L'adjectif peut prendre le masculin ou le féminin, le singulier ou le pluriel.

1. Cette (vaste) bibliothèque en bois blanc mat comporte de (nombreux) accessoires (judicieux)… (*Art et Décoration*, 2008)
2. Je l'imagine assez bien, (cet) (petit) musique (gai) et (malicieux). (Jean-Pierre Foucault)
3. Quand ils repartent, elle a sa (beau) robe (rose), ses sandalettes (blanc), et de (joli) barrettes achetées pour l'occasion. (Blandine Le Callet)
4. Ses (grand) yeux (clair) et son teint (mat), sa voix douce et son visage (mutin) font craquer les réalisateurs des deux côtés de l'Atlantique. (*Le Soir*, 2008)
5. Nous avons essayé les téléviseurs dans une pièce (obscur) et puis dans une pièce en plein jour. Les résultats sont très (différent). (*Publicité*, 2008)
6. Avec la profusion (végétal) du printemps, les chemins d'ordinaire (accessible) sont devenus à présent de (mince) boyaux à travers lesquels il faut se faufiler en serrant les épaules. (Eric Fottorino)
7. Longtemps, elle avait cru qu'au bout, il y avait d' (immense) chutes, plus (grand) encore que celles du Niagara… (Régine Desforges)
8. Je lis. Je pallie les limites (dérisoire) de ma (petit) vie. (Colette Nys-Masure)
9. Dans ses (rare) lettres à Jeanne, elle vilipendait les dépenses (excessif) de sa fille, sa liaison avec le duc de Brissac… (Catherine Hermary-Vieille)
10. Les poutres (ancien) du plafond, les terres cuites (naturel) au sol et les tons (clair) qui habillent les murs participent à la douceur de la décoration. (*Art et Décoration*, 2008)

Exercice n° 23

Niveau ⊕⊕

1. Mourir est mauvais, sinon les dieux n'auraient pas choisi d'être (immortel). (Patrick Besson)
2. Mais elle, au début, elle avait toujours les mains (vide). (Patrick Modiano)
3. Je dois composer avec ce rappel lancinant de la douleur qui forme la trame (noir) du monde et sur laquelle s'inscrivent nos joies apparemment si (dérisoire), si (précaire). (Colette Nys-Mazure)

Exercices

4. La mise en scène enchaîne saynètes, défilés, chorégraphies et intermèdes chantés malheureusement aussi (excentrique) que (maladroit). (*Le Soir*, 2008)
5. Dans la tradition (ancestral), lorsqu'un proche dévoyait, il était systématiquement banni de notre communauté. (Yasmina Khadra)
6. Les dialogues sont (juste), bien écrits, les paroles (insipide) retranscrites avec un réalisme étonnant. (*La Libre*, 2008)
7. Ce « j'adore » qui est sur toutes les lèvres (mondain) ou (populaire), (jeune) ou défraîchies, à propos de n'importe qui, de n'importe quoi… (Marcel Moreau)
8. Maintenant, elle devient de plus en plus (lourd) ; lorsqu'elle a travaillé au ménage (tout) la journée, ses jambes gonflées n'ont plus la force de marcher. (Madeleine Bourdouxhe)
9. La vue s'étendait loin au-delà des nuages, au-delà des forêts jusqu'à une ligne de sommets (abrupt), (scintillant) dans (leur) neiges (éternel). (Michel Houellebecq)
10. (Grand), la pièce l'était par ses dimensions : trop (haut), trop (long) mais trop (étroit), (inchauffable) en hiver… (Vincent Engel)

Exercice n° 24

Niveau ++

1. Il eut l'intelligence de laisser filer et, si j'ai (bon) mémoire, ne me sanctionna pas d'une (mauvais) note. (Jean-Pierre Foucault)
2. J'ai des revenus en rapport avec mes qualifications, mes années d'expérience, les (énorme) investissements (nécessaire) à la marche du cabinet et le coût (exorbitant) des assurances. (Blandine Le Callet)
3. Voilà des mets qui sont trop (rébarbatif). (Molière)
4. En me choisissant, Marie renonçait presque à sa chance et se rendait (suspect) aux siens. (Albert Memmi)
5. (Puéril) nous semble la certitude de certains. (André Chamson)
6. C'était un des (seul) indicateurs (positif) sur lequel le gouvernement comptait s'appuyer. (*Le Monde*, 2008)
7. Les professeurs qui m'ont marqué étaient tous (différent) les uns des autres. (Daniel Pennac)
8. Je dirais qu'ils ont des qualités (commune), qu'ils sont (constant), qu'ils ne sont pas (suspect) d'absentéisme… (Daniel Pennac)
9. Moi, j'avais choisi le programme 7, pour textiles (délicat), celui qui assurait la plus (grand) longévité à mes chemises… (Didier van Cauwelaert)
10. Des guirlandes en papier (multicolore) pendaient, en (lourd) accolades, sous le plafond en poutres (brun). (Henri Troyat)

Exercice n° 25

Niveau ⊕

Examinez le genre et le nombre du nom ou du pronom et faites l'accord.

1. Ah ! ma pauvre amie, vous étiez (souffrant) ? (Marie-Claire Blais)
2. Vous vous promènerez tout (seul) et le soir vous rentrerez (seul) dans votre hôtel où vous vous endormirez (seul). (Michel Butor)
3. Voyez (quel) juges vous êtes. (Alain René Lesage)
4. Je supplie Votre Majesté d'être un peu plus (paternel). (André Suarès)
5. Nous nous présentions, (grave) et (digne), comme il convient à des chefs. (Louis Pergaud)
6. Ca viendra, ne vous agitez pas, restez (tranquille), mon vieux. (Georges Bernanos)
7. Oh ! madame, soyez toujours (indulgent), et (bon), et (miséricordieux) ; vous ne savez pas ! (Guy de Maupassant)
8. Gardez-vous (vivant), Monseigneur. (Maurice Genevoix)
9. Je ne suis pas humilié qu'on soit (pauvre)... (André Cavanna)
10. Aussi sommes-nous (conscient), devant l'ampleur et la complexité des problèmes soulevés, d'avoir posé beaucoup de questions... (Martin Riegel)

Exercice n° 26

Niveau ⊕⊕

1. Le pianiste Labadie déroulait des arpèges (cristallin) en attendant les consommateurs. (Henri Troyat)
2. Ne donnez pas ce perroquet à (cet) enfant. (Martha Bibesco)
3. Ces faïences à fleurs qu'ont les (bon) gens dans les villages. (Pierre Loti)
4. Bientôt, nous plongerons dans les (froid) ténèbres. (Charles Baudelaire)
5. Si je sors de mon trou, pour passer chez quelque gent (voisin)... (C. J. Lamoral)
6. Les cloches de la ville sonnèrent, à la volée, pendant (tout) l'après-midi. (Albert Camus)
7. Il faudra s'initier à des arcanes (byzantin). (*Presse*, 1996)
8. Lazare n'était devant moi qu'un oiseau de (mauvais) augure. (Georges Bataille)
9. Sur mon harmonica jouant les (grand) orgues... (Georges Brassens)
10. Se hâtant de saisir à table les délices (fugitif) d'un repas que le départ va interrompre. (Alphonse de Lamartine)

C. Cas particuliers

– L'adjectif ne s'accorde pas toujours avec le nom ou le pronom auquel il se rapporte, mais plutôt avec la réalité que ceux-ci représentent.

a) L'adjectif attribut en rapport avec **on** est généralement du singulier. (Bu **§ 438 b 1**)

Alors, *on* est **fier** de ses résultats?

Mais le pronom indéfini **on** tend à devenir un pronom personnel et à désigner des personnes bien identifiées.

L'adjectif peut adopter le genre et le nombre qui correspondent à l'être désigné. On a alors des syllepses facultatives. À ce propos, il importe de prendre en compte la situation, l'intention de l'auteur, le niveau de langue.

On est **heureuse**, Julie?

Qu'*on* est **bêtes**!

On était les plus **forts**.

On n'est pas toujours **jeune** et **belle**. (Ac.)

b) On a parfois tendance à ne pas faire l'accord avec le mot auquel l'adjectif se rapporte (accord grammatical), mais avec le terme qu'on a en tête, suivant le sens et la logique (accord sylleptique occasionnel). (Bu **§§ 438 c 1, 486 b**)

Ce *mannequin* est **séduisante**. (Le mot mannequin est masculin. Mais il s'agit probablement d'une femme. On adopte maintenant un genre convenant à la personne désignée.)

Ce *mannequin* est **séduisant**. (un homme) Cette *mannequin* est **séduisante**. (une femme)

Les *enseignes*, rouges, **suantes** poussaient des brouettes. (Bu) (Il s'agit probablement d'hommes.)

On dirait maintenant : Les *enseignes*, rouges, **suants**...

c) L'adjectif en rapport avec un pronom pluriel employé par majesté, modestie ou politesse s'accorde en genre, mais pas en nombre (syllepses obligatoires). (Bu **§ 438 a**)

Nous, roi de France, sommes **content** de vous voir. (Pluriel de majesté.)

Nous sommes **conscient** de la gravité de la situation. (Pluriel de modestie.)

Mademoiselle, *vous* êtes **courageuse**. (Pluriel de politesse.)

– L'adjectif en rapport avec des noms joints par la préposition **de** s'accorde suivant le sens. (Bu § 336)

Des foulards de *soie* **artificielle**.

Une collection de *plantes* **aquatiques**.

Du *poisson* de mer **frais**.

Passage pour piétons **obligatoire**.

EXERCICES

Exercice n° 27

Niveau ⊕

Regardez bien à quel mot se rapporte l'adjectif et faites l'accord.

1. C'est le cadet des Roy, (muet, noir, ruisselant, farouche). (Isabelle Rivière)
2. Il galope dans le sentier, sa cliente est sur ses talons, (souriant). (Louis Lachenal)
3. A qui veut l'entendre, elle répète des airs d'opéra (italien) ou des mélodies à la mode. (Pierre-Jean Rémy)
4. La disparition des sacs en plastique (jetable) aux caisses des supermarchés n'a pas fait que perturber certains clients. (*Le Soir*, 2008)
5. Elle trouvait tout ce qu'il faisait – ses articles, ses rapports – un peu (brouillon), mal dégrossi. (François Nourissier)
6. Elle fit du pouce à la hâte le signe de croix (familier) à ses compatriotes... (Prosper Mérimée)
7. Les toits de tuiles modernes sont d'un rouge brutal ; les toits de zinc, (déplaisant). (Jules Destrée)
8. Une boîte de sardines (entr'ouvert). (Benjamin Péret)
9. Il s'en fut un jour lui pêcher un poisson de chair (délicat). (Gabrielle Roy)
10. Il culbuta la boîte de biscuits (sec). (Jean Cocteau)

Exercice n° 28

Niveau ⊕⊕

1. Nous passerons sur des arcs de roc (grand) et (mince) comme des arcs-en-ciel. (Réjean Ducharme)
2. Des caisses d'œufs (frais) et du beurre de ferme. (G. Roy)
3. Le père Rouault, un chapeau de soie (neuf) sur la tête... (Gustave Flaubert)
4. Deux (fin) tranches de jambon (cru) et fumé, (soyeux) et (mouvant) dans leurs replis alanguis... (Muriel Barbery)

5. Les éléphants faisaient crouler des masses de terre (gris) sous leurs larges pieds. (Michel Tournier)
6. Elle avait un sourire de pitié (méprisant). (Romain Rolland)
7. Un trésor de monnaies d'or (gaulois). (*Presse*, 1996)
8. Il y avait douze canons d'acier (bleu) et (froid). (Boris Vian)
9. Les feux d'herbe sont (lent). (Jean Tortel)
10. Il est comme tous les enfants (fort) et bien (portant), très (léger) et (violent) dans ses colères. (Louis Hastier)

D. Autres cas particuliers

a) L'adjectif qui suit *des plus, des moins, des mieux* se met généralement au pluriel (Bu **§§ 991 f, 993 g**).

La *soirée* fut des plus **sereines**.

Cette *fille* est des moins **franches**.

Sa *copie* est des mieux **soignées**.

Attention !

Certains adjectifs peuvent devenir adverbes.

Sa *voix* est des plus **justes** (adj.). Il chante des plus juste (adv.).

b) L'adjectif qui suit *il n'y a de, il n'y a pas plus...* est invariable (Bu **§ 249 b 1**).

Il n'y a **d'intéressant** que ces nouvelles *plantations*.
(= Il n'y a rien d'intéressant que...)

Il n'y a **d'obscur** que ses *méthodes*.

Il n'y a pas plus **séduisant** que ces *estampes* japonaises.

Attention !

a) Quand l'adjectif suit le nom, il s'accorde avec lui.

Il n'y a de **présent** que deux *garçons*. (= Il n'y a personne de présent que...)

Il n'y a que deux *garçons* de **présents**.

b) Il en va de même dans les tournures suivantes :

Elle n'a de **plaisant** que la *figure*. (= Elle n'a rien de plaisant que...)

Elle n'a que la *figure* de **plaisante**.

c) L'adjectif qui suit *tout ce qu'il y a de (plus), ce qu'a de...* est invariable, car il se rapporte au pronom neutre *ce* (Bu **§ 249 b**).

Il ramasse *tout ce qu'il y a de* **bon**.

Ces poires sont *tout ce qu'il y a* de plus **savoureux**.

On notera *ce qu'a de* **tortueux** cette prise de position.

d) L'adjectif en rapport avec un titre honorifique a tendance à s'accorder avec le titre si celui-ci est seul. Dans le cas contraire, il s'accorde plutôt avec le nom qui suit le titre (Bu **§§ 432 b et 438 c 1**).

Sa *Majesté* est **absente**.

Sa Majesté le *roi* est **absent**.

e) L'adjectif employé avec l'expression *avoir l'air* s'accorde avec le sujet si *avoir l'air* signifie « paraître ». Il s'accorde avec *air* si ce mot désigne la mine, la physionomie (Bu **§ 249 c**).

Ses *exigences* ont l'air **excessives**.

La *charpente* avait l'air toute **neuve**.

Aujourd'hui, Blandine a *l'air* **sérieux**.

Ces voyageuses ont *l'air* **triste**.

Bien souvent, un double accord est possible quand il s'agit des personnes.

Geneviève a *l'air* **inquiet**. (Expression du visage.)

Geneviève a l'air **inquiète**. (Attitude générale.)

Mais l'adjectif doit s'accorder avec *air* quand ce nom est accompagné d'un complément, quand le mot *air* est opposé à un autre mot et après « avoir un air ».

La forêt a l'*air* tout à la fois **serein** et **paisible** d'un soir d'été.

Elle a *l'air* **hagard**, mais l'*esprit* **lucide**.

Les filles avaient un *air* **moqueur**.

Dans les cas suivants, le sens interdit un double accord.

Ces *hommes* ont l'air **bossus**.

Cette *femme* a l'air **enceinte**.

Cette *pêche* a l'air **bonne**.

f) Plusieurs épithètes au singulier peuvent se rapporter à un nom au pluriel. Il s'agit alors d'un accord distributif (Bu **§§ 337 et 428**).

Nous comparons les *littératures* **espagnole** et **portugaise**.

Vous étudiez les *codes* **civil** et **pénal**.

Elle préfère les *musiques* **classique** et **baroque**.

Les **dix-septième** et **dix-huitième** *siècles*.

Attention ! : On peut aussi choisir d'autres formulations.

Le **dix-septième** et le **dix-huitième** *siècle*.

Le **dix-septième** *siècle* et le **dix-huitième** *siècle*.

La **deuxième** et la **troisième** *partie*, « La vie immobile » et « La prison », sont tout entières déduites des six dernières pages de ce texte. (Marguerite Yourcenar)

La **première** et la **troisième** *déclinaison* **latines**. (Joseph Hanse)

g) L'adjectif en rapport avec une indication numérique se met au singulier quand on considère l'ensemble, la globalité (Bu **§ 440 a et b**).

Dix mille francs est **énorme** pour un tel produit !

(= La somme de dix mille francs est énorme.)

Onze heures du matin n'est pas **propice**.

(= La onzième heure du matin n'est pas propice.)

h) L'adjectif qui se rapporte à un nom précédé de *une espèce de*, *une sorte de* s'accorde avec ce nom (Bu **§ 431 a**).

Une espèce d'*arbre* **fruitier**.

Une sorte *d'individu* **suspect**.

Une espèce de *moteur* **souffreteux**.

Une sorte de *personnage* entra, **furieux**.

i) Lorsque l'adjectif est en rapport avec un nom devenu pronom, il reste invariable (Bu **§ 438 a 2**).

Quelque chose d'**important** est arrivé.

Personne n'est **inquiet**.

j) L'adjectif *possible*, après un superlatif *(le plus, le moins, le mieux, le meilleur)* et devant un nom pluriel est toujours invariable(Bu **§ 561 e**).

Il collectionne le plus **possible** de *timbres*.

Après le nom, *possible* est le plus souvent invariable.

Semez le plus d'*œillets* **possible**.

Tante Hélène, prenez le moins de *bagages* **possible**.

J'écrirai quelques lettres, le mieux **possible**.

Nous avons pris des mesures pour avoir le moins de dégâts **possible**.

Attention !

En dehors de ces cas, l'adjectif *possible* varie.

Le capitaine Haddock a proféré toutes les *injures* **possibles**.

EXERCICES

Exercice n° 29

Niveau ⊕

Plusieurs adjectifs qui se rapportent à un seul nom

1. D'autres fois, je rejette ces motivations. Je les juge (vaine), (présomptueux). (Andrée Chedid)
2. Elle envoya chercher un de ces gâteaux (court) et (dodu) appelés Petites Madeleines… (Marcel Proust)
3. Plus (profond) et plus (boueux) encore, les fondrières ne les arrêteraient plus. (Maurice Genevoix)
4. Des garnements (confus) couraient, (cruel) et (sourd). (René Char)
5. Il portait une veste trop (long) pour lui, un pantalon de toile et de (gros) chaussures (militaire). (Patrick Modiano)
6. Jeanne, sois (bon) et (sage) enfant, va souvent à l'église. (Jean Anouilh)
7. Ils ne souffrent rien de (distinctif) ni d' (original). (Anatole France)
8. Elle le regarda, (tremblant), (fier), (pâle). (Henri Gougaud)
9. (Froid) d'abord, les eaux lui parurent (tiède) quand il remonta. (Albert Camus)
10. Et les robes (roux), (brun), toutes les nuances (fauve) et (blond)… (Patrick Grainville)

Exercice n° 30

Niveau ⊕⊕

Plusieurs adjectifs en rapport avec un seul nom

1. Il s'agit, plus réellement, de mes deux familles, (paternel) et (maternel). (Léopold Sédar Senghor)
2. La diplomatie (européen), les yeux fixés sur les familles (royal) (français), (anglais), (autrichien), fait fonds sur le terrain très humainement (affectif) des cousinages et des noces… (Marc Fumaroli)
3. Cette progression constitue une rupture par rapport aux décennies (précédent) qui avaient vu le développement des migrations (marocain) et (turc). (*Le Soir*, 2008)
4. Les représentants des fédérations (anglais), (écossais), (gallois), (nord-irlandais) disposent chacune d'une voix. (*Le Figaro*, 2008)
5. A mon sens, il y a ici deux êtres qui vivent selon leur nature, (bon) ou (mauvais)… (Georges Bernanos)
6. Deux éditions, (français) et (allemand), existeront désormais, parallèlement. (P. Delorme)

Exercices

7. Si (considérable) en effet que soient les formes (animal) ou (humain) représentées au début, elles partent en fragments… (Henri Michaux)
8. C'est Platon qui a fait de la philosophie une science et un art en même temps : une symbiose des deux raisons (intuitif) et (discursif). (Léopold Sédar Senghor)
9. Après les mises en garde, des normes ont été édictées en Régions (wallon) et (bruxellois). (*Le Soir*, 2008)
10. Le corps de la patrie offre en son centre un château fort, âpre massif de vieilles montagnes, flanqué de plateaux, (languedocien), (limousin), (bourguignon). (Charles de Gaulle).

Exercice n° 31

Niveau ⊕

Autres cas particuliers

1. Elle avait l'air, lorsqu'elle traversait le pont des Sardines pour se rendre dans les magasins de la rue des Loges, de sortir, toute (propret), du château du baron. (Michel Ragon)
2. Victor et Charlotte, il faudra prendre le moins de vêtements (possible).
3. Il y avait quelque chose d'(étouffant) dans cette accumulation d'objets somptueux en un si petit espace. (Jeanne Bourin)
4. On semble heureusement peu (enclin) à bloquer les écoles. (*Presse*, 1996)
5. Tout ce qui se passe d' (important) au printemps a lieu dans les environs. (*Presse*, 1996)
6. Elle plaignait parfois son mari, trop (intelligent) pour ne pas comprendre qu'il souffrait. (François Mauriac)
7. A quoi (bon) toutes ces interventions ?
8. Je nous savais (fort), mais là, on est vraiment monté en puissance au bon moment. (*Le Soir*, 2008)
9. Ils avaient pénétré sous le couvert des pins que le voisinage de la rivière rend (énorme). (François Mauriac)
10. Ils ont quelque chose de (douloureux) et de (vivant). (Jules Destrée)
11. Personne n'est plus (sournois) qu'un pirate. (Erik Orsenna)
12. A deux, on est plus (fort). (*Publicité*)
13. Marie nous regardait. Tout à coup, son visage pâlit et elle eut l'air (inquiet).
14. Demeurer (inactif) était un supplice pour Hassan. (Rabah Belamri)
15. Rien de plus (harmonieux) que son geste, de plus (musical) que sa voix. (André Gide)

Exercice n° 32

Niveau ✪✪

1. C'est qu'il se sait de plus en plus que, pour être (public), ces cérémonies d'accueil n'ont rien de (mondain). (*Presse*, 1996)
2. Comme quand on était (petit), côte à côte, en classe avec notre ardoise et notre craie ! (Pascal Quignard)
3. Qu'il y ait de la pluie ne serait pas fort (étonnant).
4. (Inquiétant) : les recettes de l'Etat n'augmentent plus. (*Presse*, 1996)
5. Ces (petit) lumières, faites sentir ce qu'elles ont de (joli). (Simone de Beauvoir)
6. (Rebutant), (dégoûtant), (répugnant) ! Les adjectifs ne manquent pas pour exprimer à quel point la blatte des cuisines –connue aussi sous le nom de cafard – inspire de la répulsion. (*Presse*, 1996)
7. Bernadette, nous savons que vous êtes (matinal).
8. On est tous (responsable) et nous portons une culpabilité tant sur le plan (moral) que (politique). (Jean-Marie Gustave Le Clézio)
9. Il entame une série d'audiences « de crise » qui s'apparentent de prime abord à une promenade de santé, même s'il n'est pas des plus (fringant). (*Le Soir*, 2008)
10. Dans ce livre, il n'y a d' (intéressant) que les notes en bas de page.
11. Peut-être ai-je pressenti vaguement ce qu'avait d' (auguste) et de (rédempteur) la souffrance. (André Gide)
12. La mère est ce qu'il y a de (patient) et de (fidèle). (Paul Claudel)
13. Tant d'hommes commencent à mourir si (jeune), même s'ils ont l'air (vivant). (Jean-François Deniau)
14. Elle eût compris ce qu'avait de (court) une fidélité sans combat. (François Nourissier)
15. Parmi toutes les pièces, il n'y a que la bibliothèque de (plaisant).

Exercices

2. L'adjectif qui se rapporte à plusieurs noms (Bu §§ 441-454)

2.1. Règle

D'une façon générale, l'adjectif qui se rapporte à plusieurs noms se met au pluriel. Si les noms ont le même genre, l'adjectif prend le genre des noms. Si les noms n'ont pas le même genre, l'adjectif se mettra au masculin, qui est le genre indifférencié. (Bu **§§ 441 et 442 a**)

Il éprouvait une *faim* et une *soif* **terribles**.

Prudents, *Jean* et *Hervé* étaient rentrés.

Bérangère et *François*, **impatients**, ont téléphoné.

J'ai trouvé **désagréables** votre *silence* et votre *indifférence*.

Heureux sont les *garçons* et les *filles en* vacances !

Tu as un *frère* et une *sœur ? Tu* viendras donc avec **tes** *frère* et *sœur*.

Chers *oncle* et *tante*/Puisque nous voilà au seuil de l'année nouvelle...

Attention !

Quand l'adjectif est en rapport avec des noms qui n'ont pas le même genre, l'usage est de ne pas faire voisiner un adjectif masculin et un nom féminin ou l'inverse.

Elle fait preuve d'une *persévérance* et d'un *courage* **soudains**.

2.2. Cas particuliers

a) Il importe de voir si l'adjectif en rapport avec ces noms juxtaposés ou coordonnés se rapporte bien à chacun d'eux (Bu **§ 441**).

Il régnait une *odeur*, un *désordre* **étranges**.

Vous devriez trouver une *méthode* et un *rangement* plus **adéquats**.

Venez avec votre père et votre *frère* **aîné**.

Je voudrais un lustre ou une *applique* **murale**.

Parfois, il n'y a que le contexte qui puisse éclairer l'accord.

Il part avec sa *sœur* et son *frère* **cadet**/**cadets**.

Savoir +

Dans des formules figées, l'adjectif reste au singulier.

Un certificat de **bonne** *vie* et *mœurs*.

En **pleine** *liberté* et *indépendance*.

b) Quand on désigne un être unique de deux façons différentes, l'adjectif reste au singulier (Bu **§ 447 a**).

Mon cher *collègue* et *ami*...

Un *chat* ou un *chien* **invisible** grattait à la porte.

Un *homme* et un *chef* **impartial** comme vous, voilà ce qu'il faut à la tête de notre entreprise.

c) L'adjectif reste également au singulier lorsque les noms sont considérés comme synonymes, quand il y a gradation ou lorsque l'un d'entre eux est prédominant (Bu **§ 448**).

Elle garde tout **entière** la *grâce*, *l'élégance* qu'elle avait.

Il manifesta un *écœurement*, un *dégoût* **profond**.

Ils montrèrent un *courage*, une *bravoure* **surprenante**.

Savoir +

Il y a lieu de noter que lorsque les noms ne sont pas coordonnés, l'usage est hésitant.

C'est l'influence, la volonté, le *génie* **napoléonien**... (Jacques Bainville)

Je revenais à une soumission, à une tendresse, à une *vénération* **idolâtre**. (Benjamin Constant)

Les années aidant, nos rapports avec les êtres prennent une *opacité*, une *solidité* tout à fait **satisfaisantes**. (François Nourissier)

d) Quand l'adjectif est en rapport avec des noms joints par **ou**, il s'accorde avec ces noms sauf si le sens l'interdit. Il est recommandé d'accorder l'adjectif avec l'ensemble des noms afin de pouvoir faire la distinction avec le cas où l'épithète ne s'accorde qu'avec le dernier nom. (Bu **§ 449**).

Si elle avait eu cette *qualité*, ou cette *faiblesse*, ou cette *résignation* si **communes** aux femmes pourtant ! (Albert Memmi)

Un mot commençant par une voyelle ou une *h* **muette**.

Un manche en métal ou en *bois* **dur**.

e) L'adjectif qui se rapporte à deux noms joints par une conjonction de comparaison *(avec, comme, ainsi que, de même que)* s'accorde avec le premier nom si la conjonction a vraiment une valeur comparative. Elle est alors précédée d'une virgule. L'adjectif s'accorde avec les deux noms si la conjonction prend une valeur additive. Dans ce cas, elle n'est plus précédée d'une virgule. (Bu § 454).

L'*ours* brun d'Alaska, comme tous ses semblables, est **carnivore**.
(*La vie des mammifères*, Gallimard)

Mon *visage*, aussi bien que mon âme, est trop **sévère**. (Valéry Larbaud)

Sa *délicatesse* comme sa *politesse* **exquises** ont conquis tous les cœurs.

Il a la *main* ainsi que l'*avant-bras* tout **noirs** de poussière. (Maurice Grevisse)

f) Lorsque l'adjectif est attribut de deux propositions, il reste invariable (Bu § 446).

Que vous ayez oublié l'heure et *que vous refusiez de vous en excuser* me paraît **intolérable**.

g) Lorsque l'adjectif est en rapport avec le titre d'une œuvre, l'usage est de le laisser au singulier (Bu § 439).

Bouvard et Pécuchet est **amusant**.

EXERCICES

Exercice n° 33

Niveau ⊕

L'adjectif qui se rapporte à plusieurs noms

1. Ils montrèrent un courage, une bravoure (surprenant).
2. Mais recommencer cette vie, au commencement, on n'a plus le courage et la force (physique). (Romain Rolland)
3. Soupçonnent-ils ma tendresse, mon errance (profond) ? (Daniel Boulanger)
4. (Seul) la distance, l'absence ou la réserve peuvent en réduire les effets (destructeur) ou (déstabilisant). (Edwy Plenel)
5. J'ai rarement attendu avec une impatience et une incertitude aussi (intense). (Julien Gracq)

Exercice n° 34

Niveau ⊕⊕

1. L'humanité et la simplicité de ces gens sont très (fort). (Suzanne Julliard)
2. Un virtuose s'y entraîne, un blond très élancé, vêtu, tel un gymnaste, d'un maillot et d'un pantalon (blanc). (Claude Ollier)
3. La mort, la trahison, le désespoir sont là, tout (prêt). (Jean Anouilh)
4. La tulipe, comme la jacinthe, si (décoratif) dans nos jardins, s'épanouit au printemps.
5. Des chants d'initiation et de sorcellerie (africain) ont donné naissance au jazz. (Driss Chraïbi)

3. Les adjectifs composés (Bu §§ 556, 593 r)

a) Les deux éléments varient quand ils qualifient le même nom.

Des *paroles* **aigres-douces**.

Des *jeunes filles* **sourdes-muettes**.

b) L'adjectif composé qui est tiré d'un nom composé joue le rôle d'épithète par transfert. Le premier élément est le plus souvent invariable. (Bu **§ 556**)

La famille **grand-ducale**, les *traditions* **grand-ducales**, les *officiers* **grand-ducaux**.

Des *pilotes* **long-courriers**. (Mais : des **long**/**longs** *courriers*.)

Des *conflits* **proche-orientaux**.

Des *pays* **libre-échangistes**. (Mais : des **libres** *penseurs*.)

Les *coutumes* **bas**/**basses bretonnes**.

Des *maisons* **bas**/**basses normandes**.

Savoir +

a) *Blanc* varie en nombre dans *blanc-russe* (non soviétique).

L'histoire **blanc-russe**.

Les voyageurs **blancs-russes**.

b) Un député **social-démocrate**, les *députés* **social**/**sociaux démocrates**.

La social-démocratie, les social-démocraties.

Social a d'abord été invariable quand il s'agissait de l'Allemagne. Aujourd'hui, *social* varie.

Les *sénateurs* **sociaux-démocrates**, les *listes* **sociales-chrétiennes**.

c) *Franc ne* peut varier en nombre qu'au masculin, mais il ne varie pas en genre.

Les *loges* **franc-maçonnes**.

Des *usages* **francs-maçons**.

La *population* **franc-comtoise**.

Les *territoires* **francs-comtois**, des *maisons* **franc-comtoises**.

Franc de *port* peut varier ou rester invariable.

Recevoir une *publicité* **franc** de port, **franche** de port.

d) L'usage est hésitant pour *petit-bourgeois* et *grand-bourgeois*.

Une *famille* **petit-bourgeoise**/**petite-bourgeoise**

La Déesse est en un quart d'heure médiatisée, accomplissant dans cet exorcisme le mouvement même de la *promotion* **petite-bourgeoise**. (Roland Barthes)

Des *manières* **petit-bourgeoises/petites-bourgeoises.**
Des *projets* **grand-bourgeois/grands-bourgeois.**

c) Le premier élément est invariable quand il est abrégé et se termine par **o** ou **i**.

Des *scènes* **tragi-comiques.**
Des *phénomènes* **électro-acoustiques.**
Les *îles* **anglo-normandes.**
Une *sentence* **pseudo-prophétique.**
Les *dialectes* **franco-provençaux.**

d) L'adjectif composé qui résulte de la fusion du préfixe grec « anti » (= contre) et d'un nom ne varie pas nécessairement en nombre.

- L'adjectif composé varie quand le deuxième élément est une forme adjectivale.

  Des *ligues* **antialcooliques**, des *canons* **antiaériens**, des *médicaments* **antibiotiques**...

- L'adjectif composé ne varie pas quand le deuxième élément est une forme nominale.

  Des *forces* **antiémeute**, des *substances* **antigel**, des *combinaisons* **antiglisse**...

e) Le premier élément est invariable si c'est un mot invariable (adverbe, préposition).

Des *attaques* **sous-marines.**
Des *journaux* **bien-pensants.**

f) Le premier élément est invariable s'il a une valeur adverbiale.

Une *dame* **court-vêtue.**
Elles sont **fin prêtes.**

Attention !

Dans les exemples suivants, le premier élément varie, alors qu'il a la valeur d'un adverbe.

Une *porte* **fraîche peinte**, des *fleurs* **fraîches écloses.**
Ils sont arrivés **bons premiers.**
Des *fenêtres* **grandes ouvertes.**
Ouvrir la *fenêtre* **tout grand** ou **toute grande.**
Des *yeux* **large ouverts** ou **larges ouverts.**

Savoir +

Dans *tout-puissant*, *tout* ne varie qu'au féminin. (Bu § 994 B 1)

Des *pays* **tout-puissants**.

Des *organisations* **toutes-puissantes**.

g) *Nouveau* est généralement invariable dans *nouveau-né* (nom ou adjectif) et il est suivi d'un trait d'union (Bu § 963 c 7).

Ce sont des nouveau-nés.

Des *chiots* **nouveau-nés**.

Une *réputation* **nouveau-née**.

Quand il se joint à d'autres mots, *nouveau* varie et perd le trait d'union.

La maison des **nouveaux** *venus*. Voilà les **nouveaux** *mariés*.

C'est une **nouvelle** *venue* dans le quartier. Cette femme est une **nouvelle** *riche*.

Savoir + (Bu §§ 485 C, 963 C 3)

On écrit :

Des *enfants* **premiers-nés**. C'est sa *fille* **dernière-née**. Des *agneaux* **mort-nés**.

h) Dans les expressions *battant neuf* et *flambant neuf*, l'usage hésite sur l'accord de *neuf* (Bu § 963 c 10).

Des *façades* battant **neuf**/**neuves**.

Des *costumes* flambant **neuf**/**neufs**.

EXERCICES

Exercice n° 35

Niveau +

Les adjectifs composés

1. C'était le chef d'un groupe de mendiants (sourd)-(muet). (*Presse*, 1996)
2. Les Français Bourguignon et Claveyrolat font partie des coureurs (franc)-(tireur). (*Presse*, 1996)
3. Voici la formation condamnée à battre les voisins (grand)-(ducal). (*Presse*, 1996)
4. Je remarquai un carter qui glissait, porté par un rail aérien, s'arrêtait, descendait, à la rencontre de quatre têtes (électro)-(magnétique). (Henri Troyat)
5. O musique de la voix (bien)-(aimé) ! (Jean Tardieu)

Exercice n° 36

Niveau ++

1. S'arracheront-ils enfin à cette distraction (tout-puissant) ? (François Nourissier)
2. Ses habitudes et ses itinéraires étaient déjà fixés et s'imposaient irrésistiblement aux promeneurs (nouveau venu). (François Nourissier)
3. Les oiseaux (nouveau)-(né) gazouillent tout joyeux. (Victor Hugo)
4. C'est ici qu'est située la frontière entre les plaques (eurasien) et (nord-américain). (*La Libre*, 2008)
5. Les régions (bas) (normand) me sont chères.

4. Les adjectifs de couleur (Bu §§ 555, 562)

A. Les adjectifs simples varient (Bu § 568).

Une *robe* **bleue**, une *toile* **bise**.

Des *chandails* **fauves**, des *tenues* **beiges**.

Des *trèfles* **incarnats**, des *broderies* **violettes**.

Savoir +

Auburn (d'un brun tirant légèrement vers le roux) et *kaki*, adjectifs empruntés à l'anglais, sont invariables. (Bu **§ 558 b**)

Des *cheveux* **auburn**, des *uniformes* **kaki**.

Les adjectifs *nacarat, pie* et *rosat* sont toujours invariables. (Bu **§§ 555 b 1 et 2, 561 f**)

Des *juments* **pie** (à robe noir et blanc).

Des *robes* **nacarat** (d'un rouge clair).

De la pommade **rosat**, de l'huile **rosat**. (où il entre des roses).

Attention !

a) A l'origine, *écarlate, mauve, pourpre* et *rose* étaient des noms, mais ils sont devenus des adjectifs et ils varient. (Bu § 555 b 1)

Des *foulards* **écarlates**, des *écharpes* **mauves**.

Des *tissus* **pourpres**, des *chemisiers* **roses**.

b) *Châtain* peut prendre **e** au féminin ou garder la forme masculine. La plupart des auteurs le font varier en nombre. (Bu § 555 b 3)

Une *chevelure* **châtain**/**châtaine**. Des *yeux* **châtains**.

* Une chevelure châtaigne.

c) *Zinzolin* (d'une couleur violet rougeâtre) varie ou reste invariable. (Bu § 555 b 2)

Des *étoffes* **zinzolin**/**zinzolines**.

B. Le nom qui désigne la couleur est invariable (Bu § 555 b 1).

Des *yeux* **noisette**, des *tuniques* **jonquille**.

Des *nappes* **orange**, des *pantalons* **garance**.

Des *chemises* **paille**, des *tentures* **grenat**.

Des *papiers* **crème**, des *boutons* **vermillon**.

Des *toilettes* **fuchsia**, des *jupes* **pervenche**.

Des *fards* **ocre**, des *cheveux* **poivre et sel**.

Des *tons* **pastel**, des *chevaux* **isabelle**.

Des *souliers* **marron**, des *vestes* **grège**.

Des *maillots* **chair**, des *robes* **corail**.

C. Les adjectifs composés sont invariables. (adjectif + adjectif, adjectif + nom, adjectif + préposition + nom) (Bu § 555 a et b)

Des *étoffes* **jaune paille**, des *robes* **gris bleu**. Des *carreaux* **vert jaune**.

Des *cheveux* **châtain foncé**, des *yeux* **bleu clair**.

Des *uniformes* **bleu horizon**, des *pantalons* **vert bouteille**, des *bas* **couleur chair**, des *tailleurs* **rose bonheur**, des *vestes* **bleu pétrole**. Des *échafaudages* **jaune saumon**… (*Le Soir*, 2009)

Des *chaussettes* **noir de jais**, de la *soie* **gris de lin**.

Savoir +

a) Il ne convient pas d'utiliser le trait d'union dans les adjectifs de couleur composés.

Des *tissus* **vert tendre**.

*Des tissus vert-tendre.

b) Les adjectifs composés avec *pie* sont invariables. (Bu § 55 b 1)

La race **pie noir** (quand le blanc domine)/**noir pie** (quand le blanc ne domine pas)

Des *animaux* **pie rouge** (quand le blanc domine)/**rouge pie** (quand le blanc ne domine pas)

Cet adjectif ne s'emploie pas seulement à propos d'animaux dont le pelage est *noir et blanc* (comme le plumage de la pie), mais aussi pour les pelages qui offrent d'autres couleurs. On parlera de *pie noir,* de *pie* rouge... quand le blanc domine.

D. L'usage hésite lorsque les éléments sont unis par **et** (Bu § 555 a 2).

Une *écharpe* **bleu et vert**/**bleue et verte**. (adjectif + et + adjectif)
(Les deux adjectifs peuvent varier.)

Des *reliures* **rouge et or**/**rouges et or**. (adjectif + et + nom)
(Seul l'adjectif est variable.)

Savoir +

L'accord ou l'absence d'accord devrait permettre de ménager la distinction suivante :

Des *drapeaux* **rouge et blanc**.

(= Chaque drapeau présente les deux couleurs.)

Des *drapeaux* **rouges et blancs**.

(= Certains drapeaux sont rouges, d'autres sont blancs.)

EXERCICES

Exercice n° 37

Niveau ⊕

Les mots désignant la couleur

1. Des bocaux de faïence (bleu), rangés sur des rayons, portaient des inscriptions en lettres d'or… (Emile Moselly)
2. Que de sourires (rouge) sur les miroir (rose) ou (peau de pêche) des (beau) Parisiennes! (Robert Sabatier)
3. Elle se pencha pour compter les étages de stores (orange). (Camille Lemonnier)
4. M. Morin avait la face pleine et de grosses lèvres dont les coins retroussés rejoignaient des favoris (poivre et sel). (Anatole France)
5. Au moment de monter dans le chariot aux rideaux (rouge et or)… (Patrick de Carolis)
6. La nappe était mise, une grande nappe à carreaux (bleu) et (blanc). (Camille Lemonnier)
7. En quelques instants, la conque (obscur) par-delà l'orifice fut transformée en une galerie d'astres (vermillon) semés les uns contre les autres. (Haroun Tazieff)
8. Les sièges étaient de cuir de nuance (tabac), comme le tapis. (Francis Carco)
9. Les silhouettes (gris sauterelle) continuaient à cheminer sans se presser. (Jules Romains)
10. Le vacherin n'est jamais aussi bon qu'en plein hiver, quand les vaches (montbéliard) et (pie rouge) de l'Est sont nourries au foin. (*Cuisine et vins*)
11. Il a fini de lire, est parti ranger soigneusement le grand livre cartonné, orné de fleurs (mauve). (Albert Memmi)
12. Celui-ci et Madeleine, dont la robe (fuchsia) illuminait les murs (grisâtre), se tenaient par la main. (Andrée Chedid)
13. Pour comble de misère, on les affuble de maillots (marron) sur lesquels des lignes (blanc) figurent une musculature ou de vagues cuirasses. (Robert Kemp)
14. À l'heure où commencent à se gercer les doigts (rose) de l'aurore… (Raymond Queneau)
15. Coiffée à la mode, elle se mettait un soupçon de rouge, soulignant ses (admirable) yeux (pervenche). (Catherine Hermary-Vieille)

Exercice n° 38

Niveau ●●

Idem

1. Masque (noir), masque (rouge), vous, masques (blanc) et (noir). (Léopold Sédar Senghor)
2. Elle voyait aussitôt les dalles (noir) et (blanc) du vestibule… (Georges Bernanos)
3. Aux yeux brillants avec d'abondants cheveux (noir jais). (Gabrielle Roy)
4. Les cous sans tête des moutons écorchés dépassaient des toiles et les blouses rayées (bleu) et (blanc) des bouchers éclataient de propreté. (Georges Bataille)
5. Vêtu d'une robe (jaune et blanc), elle avait les bras croisés sur sa poitrine. (Jeanne Champion)
6. Les rideaux (bleu) et (blanc), autour du lit, formaient un nuage clair dans la petite pièce obscure… (Jacques Chardonne)
7. Ils se distribuaient à la main des chapelets de saucisses (blanc), (rouge) ou (marron), grillées à l'entrée. (Raphaëlle Billetdoux)
8. Elle continue pendant de (long) minutes à renvoyer des éclairs (gris de zinc). (Georges Thinès)
9. Et l'Iman qui égrenait son chapelet et me fixait de ses petits yeux plissés (bleu vert). (Mustapha Tlili)
10. Une tignasse de cheveux frisés, (poivre et sel). (Rachid Boudjedra)
11. Gaspar admira longuement le cheval (pie) dont les taches (blanc et noir) luisaient dans la lumière du matin. (André Dhôtel)
12. Et bientôt en vue, la maison elle-même. À la russe, en bois, une datcha couleur (vert d'eau). (Mohammed Dib)
13. La photo (noir et blanc) offre une incomparable richesse sur le plan créatif. (*Presse*, 1996)
14. J'avais toujours mes cheveux (châtain clair) et une robe (blanc). (Jacqueline Harpman)
15. Cheveux attachés avec un élastique, chaussures à talons (plat), vêtements (large), (ample), aux couleurs (pastel). (Michel Onfray)

5. Les adjectifs employés adverbialement (Bu § 557)

5.1. Règle

En changeant de contexte, de situation, des mots peuvent changer de classe. Ainsi, certains adjectifs très courts peuvent être employés comme adverbes et, partant, sont invariables. En voici quelques-uns : *bas, beau, bon, cher, clair, court, doux, droit, dru, dur, faux, fin, fort, franc, gras, haut, juste, lourd, mauvais, net, ras, sec, soudain...*

La *pluie* tombe, **drue**./La pluie tombe dru.

Françoise nous fait de la **fine** *pâtisserie*./Elle aime les pains coupés fin.

Les *échelles* sont **hautes**./Elle porte haut la tête.

La *terre* est **basse**./Bas les pattes !

5.2. Cas particuliers

A. *Court* est invariable dans les expressions *couper court, couper au court, s'arrêter court, tourner court, tout court, être à court, prendre de court, demeurer court* (Bu **§ 963 c 1**).

Elle est demeurée *court*. (Ac.)

Mais *court* varie dans l'expression « être court de » (= manquer de).

Nous étions **courts** d'ameublement. (André Gide) (Bu)

B. *Droit*, dans l'expression *se tenir droit*, peut varier ou rester invariable (Bu **§ 963 c 2**).

Elle se tenait **droit**/**droite**.

C. *Egal*, dans l'expression *n'avoir d'égal*, varie ou reste invariable (Bu **§ 489 c 1**).

Sa modestie n'a d'**égal** que son intelligence.

Sa prétention n'a d'**égale** que son entêtement.

Sa timidité n'a d'**égal** que son talent.

La *fiabilité* et la *maniabilité* de cette voiture n'ont guère d'**égales**/**égal**.

D. *Fort*, dans l'expression *se faire fort*, peut être considéré comme un adverbe ou comme un adjectif. (Bu **§ 308 a 4**)

Elle se fait **fort**/**forte** de le mettre au pas.

E. *Amoureux fou, fou amoureux, fou furieux, ivre mort, raide mort* sont variables (Bu **§ 963 c 8**).

Laurence était **amoureuse folle**.

Les *Diablotins* sont tombés **fous amoureux** des Jeux. (*Le Soir*, 2008)

Anne-Marie était **folle furieuse**.

Les *passagers* étaient **ivres morts**.

Les *assaillants* tombèrent **raides morts**.

F. *Juste* est invariable quand il se rapporte à une indication horaire (Bu **§ 963 f 2**).

Il est dix heures **juste**. (= exactement)

Savoir +

Nu est invariable dans *nu-tête, nu-pieds, nu-jambes. nu-bras, nu-pattes, nu-reins* et s'y emploie avec un trait d'union. (Bu **§ 556 a et b 2**)

Mais on dit *aller tête* **nue**, *pieds* **nus**, *bras* **nus** ; *la* **nue**-*propriété* (= le droit de propriété mais non son usage et ses fruits), *les* **nues**-*propriétés*, *les* **nus**-*propriétaires*.

On dit *mettre une intrigue à nu*.

G. *Plein* est invariable devant le nom, mais varie quand il le suit (Bu **§ 259 a 1**).

Avoir de l'argent **plein** les poches.

Avoir les *poches* **pleines** d'argent.

H. *Sauf* peut être préposition ou adjectif (Bu **§§ 255 b 1 et 4, 273 3**).

Sauf erreur, voilà les résultats.

Les *habitants* sont **saufs**.

I. On dit *en cinq sec* ou *en cinq secs* (terme de billard voulant dire rapidement) (Bu **§ 561 g**).

Attention !

Seul à seul peut rester invariable ou varier. (Bu **§ 557 b**)

Madame, il faut que je (homme ou femme) vous parle **seul** à **seul**.

(On considère *seul à seul* comme une locution adverbiale.)

Madame, il faut que *je* (homme) vous parle **seul** à **seule**.

Monsieur, il faut que *je* (femme) vous parle **seule** à **seul**.

Madame, il faut que *je* (femme) vous parle **seule** à **seule**.

(On accorde chaque adjectif selon la logique.)

EXERCICES

Exercice n° 39

Niveau ⊕

Adjectifs ou adverbes ? Accordez s'il le faut.

1. La rivière est (plein) de truites. (Jules Vallès)
2. Légère et (court) vêtue, elle allait à grands pas. (Jean de La Fontaine)
3. Vous m'appellerez à onze heures (juste). (Louis Pergaud)
4. Il en a tout de suite (plein) les yeux. (Jean Giono)
5. Des écolos allant (nu)-pieds, de (vieux) Anglaises de Madère drapées dans leurs préjugés… (Alexandre Jardin)

Exercice n° 40

Niveau ⊕⊕

1. Le soir, un client de bonne volonté lui prêtait main (fort) pour replier les parasols. (Angelo Rinaldi)
2. Catherine Kapfer, proviseure au lycée Louis-Blériot d'Etampes (Essonne) en 2005 paraît (droit) dans ses bottes. (*Le Monde*, 2008)
3. Elle leva les yeux vers la Madone… Elle lui parla d' (égal) à (égal), comme à son image dans le miroir. (Romain Rolland)
4. En tuant ses (dernier) naïvetés, Charles pourrait peut-être l'aider à y voir plus (clair) en elle-même. (Catherine Hermary-Vieille)
5. Imaginons un homme dont la fortune n'aurait d' (égal) que l'indifférence à ce que la fortune permet généralement… (Georges Perec)

6. Les adjectifs empruntés (Bu § 558)

a) Les éléments latins et grecs ou latinisés sont invariables. (Bu § 558 a)

Une *équipe* **franco**-espagnole.

Voyons les **électro**-*aimants*.

Des *séances* **audio**-visuelles.

Des *cassettes* **vidéo**. (L'adjectif *vidéo* est invariable.)

L'*équipe* **junior** s'est bien comportée.

b) Les adjectifs empruntés ont tendance à rester invariables. (Bu § 558 b)

Des *restaurants* **cacher**/**cascher**/**kascher** (qui sont conformes aux règles hébraïques en matière de diététique).

Une *statue* **mastoc** (colossale).

Une *rame* (de métro) **express**.

Des *courses* **open**.

Des *livres* **sterling**.

De la *musique* **techno**.

Les *préceptes* **zen**.

Ils sont ici **incognito**.

Certains adjectifs empruntés peuvent varier en nombre.

Des *chattes* **angora(s)**.

Ils sont **snob(s)**.

Des *lits* **standard(s)**.

c) Les ethnologues laissent invariables les adjectifs ethniques non européens terminés par une voyelle. (Bu § 558 c)

Une *zone* **bantou**.. Les *cités* **maya**. La *coutume* **zoulou**.

Quand ils se terminent par une consonne, la tendance est de les accorder.

Les *habitations* **bochiman(s)**.

Les *religieux* **sikh(s)** s'opposent au système des castes hindoues.

Mais dans le langage courant, ces adjectifs varient en nombre et parfois en genre.

Les *villes* **mayas**.

La *langue* **bantoue**.

7. Les adjectifs occasionnels (Bu § 559)

a) Les adverbes employés comme adjectifs sont invariables. (Bu § 559 a)

Des *gens* **bien**, les *portières* **arrière**, des *places* **debout**, les *roues* **avant**.

Savoir +

a) *Le bon usage* recommande de laisser invariable *intestat* (= qui n'a pas fait de testament).

Ils sont morts **intestat**.

b) *Impromptu* a d'abord été un adverbe et donc un mot invariable. Il tend maintenant à varier en genre et en nombre.

Une *visite* **impromptue**, des *repas* **impromptus**.

b) Des éléments comme *bio, extra, maxi, mini, rétro, super*, sont invariables. (Bu § 559 b)

– Des *vins* **bio**, des *soupers* **extra**, des *vestes* **maxi**, des *jupes* **mini**, des *mamans* **super**, des *styles* **rétro**.

Savoir +

Pour *ultra*, il existe un double usage. Des *opinions* **ultra**/**ultras**.

c) Les noms ou syntagmes nominaux employés adjectivement sont invariables. (Bu § 559 c)

Des *couleurs* **mode**, des *vêtements* **cloche**, *des fauteuils* **Empire**, des *yaourt* **nature**, des *papas* **gâteau**, des *magasins* **collet monté**, des *vestes* **bon marché**, des *excuses* **bidon**, des *intérieurs* **nickel**, des *spectacles* **tendance**, des *bas* **nylon**.

Savoir + :

a) Certains noms employés adjectivement tendent à devenir des adjectifs et peuvent varier en nombre.

Des *mi* **bémol(s)**, des *do* **dièse(s)**, des *fa* **bécarre(s)**. (Bu § 559 c 3)

Des *auditeurs* **bon(s) enfant(s)**, des *aspects* **bonhommes**, des *propos* **canailles**.

Des *avions* **miniatures**, des *discours* **pompiers**, des *sujets* **tabou(s)**.

Des *récits* **apostat(s)**, des *serviettes* **éponge(s)**, des *défilés* **monstres**.

Des *tables* **gigognes**, de **chouettes** *vacances*.

Des *écrans* **radars**, des *échos* **radar**. (Double usage.)

Des *faisceaux* **lasers**, des *lecteurs* **laser**. (Idem.)

Rares sont ceux qui varient aussi en genre. (Bu § 559 c 3)

Des *phrases* **pompières**.

Une *réunion* **taboue**.

b) Les adjectifs de formation expressive sont invariables. (Bu § 560)

Ils étaient **baba**.

Ils portaient des *habits* **cracra**/**cra-cra**. (= crasseux) Elles mangeaient sur une *table* **crado**. (= crasseuse)

C'étaient des *chansons* un peu **cucu**/**cucul**. *Elle* était complètement **gaga**.

Ses *sœurs* étaient **gnangnan**. Les *témoins* semblaient **paf**.

Des *tenues* **olé olé**. Des *maintiens* **flagada**. Des *garçons* **raplapla**.

c) Les adjectifs issus de réductions ou d'altérations d'autres mots sont également invariables.

La *culture* **beur**. (de ceux qui ont une origine maghrébine)

C'étaient des *gars* **sympa**.

Ils regardaient des *films* **porno**.

Maisons colorées à colombages, ruelles pavées, vieilles murailles, riches *églises* **rococo**... (*Publicité*)

EXERCICES

Exercice n° 41

Niveau ⊕

Adjectifs empruntés ou occasionnels

1. L'électricien finit par abandonner ses velléités (hydroélectrique) dans la caverne. (*Le Soir*, 2008)
2. Vu leur grande taille, ils ne peuvent accepter des lits (standard).
3. Elles ont une préférence pour les chats (angora).
4. Des spectacles (audio-visuel) ont été organisés.
5. Les politiques linguistiques sont donc le moyen, pour les entités (infra-étatique) et (supra-étatique) de contrecarrer la dérive naturelle du « marché »... (*Le Monde*, 2008)
6. Il est vrai que la plupart des gens restent (debout) dans l'ascenseur. (Emile Ajar)
7. Jamais de questions d'argent. Sinon pour apprendre que ceux qui en avaient beaucoup étaient difficilement des gens (bien). (Jean-François Deniau)
8. Les pneus (avant) éclatent, cependant que les roues (arrière) tournent dans le vide. (Hervé Bazin)
9. Dès que les (avant)-gardes eurent pris contact... (Louis Pergaud)
10. Les mots rares et savants, les digressions (impromptu), les redondances alambiquées, l'utilisation des termes les plus longs... (Lancelot)

Exercice n° 42

Niveau ●●

1. Une cérémonie en principe (bon enfant). (*Presse*, 1996)
2. Elle portait des bottes à mi-cuisses et une (mini) jupe en quelque chose. (Emile Ajar)
3. La veille, j'avais lu sa lettre un peu (gnangnan). (Yann Queffélec.)
4. Ce comique troupier interprète des chansons (rigolo).
5. C'était un officier de la guerre 14-18, très (collet monté), un peu comme les aspirants cavaliers à képi (bleu ciel). (Jean Ferniot)
6. Mais sur ces rives ont déferlé des conquérants (arabe) et (moghol), porteurs d'une civilisation originale. (*Presse*, 1996)
7. Mais elle baissait la tête à présent, torturant les brins d'herbe qui n'avaient pourtant rien à voir avec ces histoires (cascher). (Vincent Engel)
8. Beaucoup de sites (maya) n'ont pas encore été fouillés.
9. Cet ethnologue s'intéresse aux tribus (bochiman).
10. Situation très tendue pour les nomades (touareg). (*Presse*, 1996)

8. Demi, mi et semi (Bu § 561 a) (§§ 186 b, 558 a, 995 a, b, r 2)

8.1. Règle

> Ces adjectifs sont invariables quand ils sont placés devant le nom auquel ils se rapportent. On les y joint par un trait d'union.

Une **demi**-*heure*, des **demi**-*portions*.

A **demi**-*mots*, à **demi**-*voix*.

La **mi**-*temps*, des **mi**-*bas*, à **mi**-*côte*.

Les **semi**-*auxiliaires*, les **semi**-*consonnes*.

Attention !

Dans la locution adverbiale *à demi* placée devant un adjectif, *demi* est invariable et ne se joint pas à l'adjectif par un trait d'union.

Elle était **à demi** folle.

Quand le nom est précédé par un autre adjectif, le trait d'union est omis.

Ce n'était qu'une **demi** petite *bouteille*.

8.2. Cas particuliers

A. Ils sont adverbes et invariables devant l'adjectif ou le participe passé. Le trait d'union est maintenu.

Une boîte **demi**-pleine, des petits pois **demi**-fins.

Les yeux **mi**-clos, des notes **mi**-longues.

Des populations **semi**-nomades, une publication **semi**-mensuelle.

B. Derrière le nom, *demi* varie en genre seulement.

Deux *heures* et **demie**, deux *bouteilles* et **demie**, une *douzaine* et **demie**.

Savoir +

Certains auteurs écrivent aussi *midi et* demie, *minuit et* demie.

C. Quand *demi* est employé comme nom, il varie.

Garçon, trois *demis* !

Cette horloge sonne les heures et les *demies*.

Six *demis* valent trois unités.

Cinq *demis* soutiennent l'attaque de cette équipe.

EXERCICES

Exercice n° 43

Niveau +

Demi, mi et semi

1. L'horloge, dans son coffre en bois de merisier, sonnait les heures et les (demi)-heures. (Michel Ragon)
2. A lire à (mi)-voix, il dérange les voisins qui ne comprennent pas ce murmure. (Suzanne Julliard)
3. C'était une question de secondes, de (demi)-secondes. (Jules Romains)
4. Dans la salle de cirque, on se dispersa, cherchant une bonne place à travers les banquettes (mi)-circulaires étagées en gradins. (Jules Laforgue)
5. Je voyais, entre les lèvres (mi)-jointes, briller une dent d'or. (Vercors)
6. Cette (semi)-liberté, entourée d'une blancheur trop cruelle pour nos yeux, ne faisait qu'accentuer mon trouble. (Tahar Ben Jelloun)
7. Je t'accorde une (demi)-heure de sursis. (Tristan Derême)
8. J'ai quarante-cinq ans et cet enfant a occupé quatre ans et (demi) de ma vie, plus neuf mois. (Marie Darrieussecq)
9. Commençons par un (demi)-chèvre de Provence. (*Presse*, 1996)
10. Elle chantait à bouche (mi)-close… (Maurice Genevoix)

Exercice n° 44

Niveau ⊕⊕

1. Il y a par exemple des passages extraordinaires où l'on se rend compte que la mère, (à demi) sourde et muette, n'a quasiment plus aucun souvenir de l'homme qui était son mari... (Bertrand Visage)
2. Il n'avait plus rien à demander sauf un délai d'une (demi)-minute. (Jean-Paul Sartre)
3. Les chats, à (demi) rôtis, s'enfuyaient. (Maurice Fombeure)
4. Nous nous tînmes dans l'obscurité derrière la porte à (demi) ouverte. (Sidonie Gabrielle Colette)
5. Deux mots en (demi)-teinte, la voix comme dans l'expectative... (M. Leins)
6. Neuf heures et (demi) me conviendrait. (Eric-Emmanuel Schmitt)
7. Dans le domaine des (semi)-conducteurs, le groupe allemand a choisi de s'allier. (*Presse*, 1996)
8. Les aiguilles indiquaient pour toujours cinq heures et (demi). (Patrick Modiano)
9. La paupière à (demi) close, il dégustait son péché par petits coups. (Alphonse Daudet)
10. Mais on dit que ce qui se ressemble s'assemble et je ne suis qu' (à demi) étonnée. (Françoise Chandernagor)

9. Quel, quel que, quelque, quelque... que (Bu §§ 400 b, 632, 998, 1149 a3, b1, 2, c1)

9.1. *Quel*

Bu § 400 b

> Lorsque *quel* est déterminant exclamatif ou interrogatif, il s'accorde en genre et en nombre avec le nom auquel il se rapporte.

Quel beau *temps !* **Quelle** *époque !*

Quels *livres* choisis-tu ? **Quelles** *revues* veux-tu ?

9.2. *Quel que*

Bu § 1149 c 1 b

Dans cette expression, *quel* est adjectif indéfini et signifie *n'importe lequel*. *Quel* est suivi de la conjonction de subordination *que*. Ils introduisent une proposition de concession et précèdent des verbes comme *être, sembler, paraître, devenir, pouvoir être, devoir être*. *Quel* est alors attribut du sujet inversé.

Quel que soit le *verdict*, nous l'accepterons.
Quelles qu'aient été vos *intentions*, les résultats sont décevants.
Quels que paraissent tes *chagrins*, ils sont, en réalité, peu de chose.
Quelles que semblent tes *satisfactions* présentes, reste prudent.
Nous poursuivrons, **quels** que doivent être les *dangers*.
Je crois qu'elle continuera, **quelles** que puissent être vos *réticences*.

Attention !

a) Quand les sujets sont synonymes ou en gradation, *quel* s'accorde avec le sujet le plus rapproché.
Quelle que soit sa *volonté*, son ardeur, je doute qu'il réussisse.

b) Quand les sujets sont joints par *ou*, *quel* s'accorde avec le sujet le plus proche ou avec les deux.
Quelle que soit la *situation* ou la personne...
Quels que soient leur *courage* ou leur *mérite*...

9.3. *Quelque*

Bu §§ 632 et 998

Attention !

a) Quand il signifie « plusieurs », « différents », il est indéfini et prend le pluriel.
En vacances, j'ai lu **quelques** *romans* de Balzac.

b) Quand il marque une indétermination portant sur la qualité ou la quantité, il est invariable et signifie alors « un certain, un quelconque ».
Je cherche **quelque** *endroit* tranquille où je pourrai faire mon courrier.

c) Devant une indication numérale, *quelque* signifie « environ », est adverbe et invariable.
Elle est morte il y a **quelque** *dix* ans de cela.

d) Il faut tenir compte du contexte pour distinguer ce qui suit.

Je courus **quelque** *cent mètres* avant de m'arrêter. (Environ la distance de cent mètres.) (Adverbe.).

Lors de mon entraînement hebdomadaire, je cours **quelques** *cents mètres*. (Plusieurs fois la distance de cent mètres.) (Déterminant indéfini.)

e) L'expression *et quelque* suit l'adjectif numéral et permet d'ajouter plusieurs unités à un chiffre rond.

Nous étions trente et **quelques** *soldats*.

Vous étiez vingt *directrices* et **quelques**.

f) Quand il s'agit de l'indication d'une date, il est à déconseiller de faire de *quelque* un adverbe signifiant « environ ».

* En dix-huit cent et quelque.

9.4. *Quelque... que*

Bu § 1149 a 3, b 1 et 2

a) Lorsque le mot intercalé est un nom, *quelque* est déterminant indéfini et signifie « n'importe lequel ». Il est variable.

Quelques *raisons* que vous donniez, tenez compte des circonstances.

b) Lorsque les mots intercalés sont un adjectif et un nom, *quelque* est déterminant indéfini et est variable si le nom n'est pas attribut du sujet ou du complément direct.

Quelques bonnes *preuves* que vous donniez, nous prétendons que cette affaire n'est pas claire.

c) Lorsque le nom est attribut du sujet ou du complément direct, *quelque* est adverbe et invariable.

Quelque bons *médecins* qu'ils soient...

Quelque bons *écrivains* que vous les considériez...

Savoir +

a) *Quelque* est également adverbe et invariable lorsque le mot intercalé est un adjectif ou un adverbe.

A la faveur des mots, **quelque** *élégants* qu'ils soient... (Georges-Louis Buffon) (quelque = si) (adverbe)

Quelque *subtilement* que vous répondiez, vous n'arriverez pas à le convaincre. (idem)

b) *Quelque* est aussi adverbe quand il précède un nom employé comme attribut avec une valeur d'adjectif.

Quelque princes qu'ils soient... (Joseph Hanse)

EXERCICES

Exercice n° 45

Niveau ⊕

Quel, quelque, quel que, quelque… que

1. La cour semblait (quelque) salle géante éclairée par ce feu. (Henri Pourrat)
2. (Quel) qu'en soit la raison, on tient là un troisième événement. (Bernard-Henri Lévy)
3. D'ailleurs tu sais (quel) est ma confiance en toi. (Georges Bernanos)
4. Il n'y voit pas à un mètre devant lui et ignore sur (quel) fleur non recensée par les botanistes ou (quel) animal disparu depuis la préhistoire il va tomber. (Jean Dutourd)
5. (Quel) était donc le mystère de cette navigation sous-marine? (Jules Verne)
6. Tout y est à longues échéances, (quelque) pressant que soit le besoin. (Joseph de Pesquidoux)
7. Or donc, depuis (quelque) trente ans s'est levée une pléiade de préhistoriens. (Léopold Sédar Senghor)
8. De façon générale, Joseph supportait d'ailleurs de moins en moins les discussions, (quel) qu'en fût le sujet, et son assiduité au conseil faiblissait. (Vincent Engel)
9. Madame d'Aubigné avait quitté la capitale et s'était installée à Archiac en Saintonge où elle avait encore (quelque) famille. (Françoise Chandernagor)
10. L'hiver arriva avec une abondante chute de neige (quelque) jours avant Noël. (Vincent Engel)

Exercice n° 46

Niveau ⊕⊕

1. Les Gaulois, d'ailleurs plus forts en nombre, montrèrent plus de hardiesse que les Romains, (quelque) déterminés qu'ils fussent. (Jacques Bénigne Bossuet)
2. Ces princes, (quel) qu'ils soient, d'ancienne ou de nouvelle noblesse, nous ne les voyons guère. (Paul-Louis Courier)
3. (Quelque) titres honteux qu'en tous lieux on lui donne/Son misérable honneur ne voit pour lui personne. (Molière)
4. Professeurs, (quelque) disciplines que nous enseignions, nous ne cessons jamais de plaider la même cause, celle de l'humanité. (Jean Guéhenno)
5. (Quelque) méchants que soient les hommes, ils n'oseraient paraître ennemis de la vertu. (François de La Rochefoucauld)

6. Voilà, en effet, (quel) sont, pour la France, les conditions nécessaires de l'équilibre général, du progrès de tous et de la paix dans l'univers. (Charles de Gaulle)
7. (Quel) activité est plus (muet) que le rêve? (Erik Orsenna)
8. (Quelque) grands avantages que la nature donne, ce n'est pas elle seule, mais la fortune avec elle qui fait les héros. (François de La Rochefoucauld)
9. (Quel) que soient les dons que montrent les premiers essais auxquels il s'arrête, et (quel) que soit la forme de son apprentissage, il sait pourtant qu'il commence un voyage vers un pays inconnu. (André Malraux)
10. Doit-on même en arriver à cette conclusion hardie que (quel) que soient la profession des citoyens et la ville qu'ils habitent, ils ont toujours droit à la vérité? (Bernard Pivot)

10. Tout, toute, tous, toutes (Bu §§ 637-640, 766)

10.1. *Adjectif qualificatif*

> *Tout* est adjectif qualificatif quand il signifie « entier, complet, unique ». Il s'accorde alors en genre et en nombre avec le nom auquel il se rapporte.

Dans ce sens, *tout* ne s'emploie qu'au singulier et ne peut donc avoir que deux formes : *tout, toute.*

Elle a veillé le malade **toute** la *nuit*. (= entière)

Il a agi en **toute** *liberté*. (= complète)

Pour **toute** *boisson*, il prend du vin. (= unique)

Savoir +

a) *Tout*, dans le sens qu'on vient de voir, peut être attribut du sujet ou du complément direct.

Madame Derasse était impassible, **toute** à sa broderie. Cette *infirmière* se faisait **toute** à tous ses malades. J'avais déjà visité cette demeure et je *la* reconnaissais **toute**.

b) *Tout* est invariable devant un nom d'auteur féminin.

A seize ans, elle avait lu **tout** *Colette*.

c) Devant le titre d'une œuvre littéraire, d'un tableau, d'un film..., *tout* reste invariable, sauf si le titre est précédé d'un article qui n'est pas considéré comme faisant partie du nom de l'œuvre.

Il savait **tout** *Athalie.*

Elle a relu **tout** *Les Misérables.*

Ils parcouraient **toute** l'*Oublieuse Mémoire* de Jules Supervielle.

d) Devant un nom de ville, *tout* reste invariable si on pense à la population, mais varie si on pense à la ville.

Tout *Florence* avait appris cette fameuse nouvelle.

Toute *Florence* est riche en vestiges archéologiques de la Renaissance.

10.2. *Déterminant indéfini*

a) Quand *tout* signifie « chaque, n'importe quel, toute espèce de », il est déterminant indéfini et il n'existe qu'au singulier. Il présente donc deux formes : *tout* et *toute.*

Toute *information* doit être recoupée.

Nous voyageons en **toute** *saison.*

En **tout cas**, ne perdez pas votre calme.

b) *Tout* prend la marque du pluriel quand il indique la répétition, la périodicité ou la totalité sans exception. Il a donc deux formes : *tous* et *toutes.*

Tous les *lundis*, Françoise fait de la gymnastique.

Tous les *témoins* sont d'accord là-dessus.

Ce sont **toutes** *surprises* fort agréables.

Ce sont **tous** *melons* fraîchement cueillis.

Savoir +

a) L'usage préfère tantôt le singulier tantôt le pluriel, mais il arrive que les deux coexistent.

Aller à **toute** *allure*.
Exister selon **toute** *apparence*.
Espérer contre **toute** *attente*.
Etre de **toute** *beauté*.
En tout bien **tout** *honneur*.
Galoper à **toute** *bride*.
Approuver de **tout** *cœur*.
Tout *compte* fait.
Réfléchir avant/en **toute** *chose*.
Etre à **toute** *épreuve*.
Exister de **toute** *éternité*.
Sembler à **toute** *extrémité*.
Vouloir à **toute** *force*.
Parler en **toute** *franchise*.
Ecrire à **tout** *hasard*.
Arriver en **toute** *hâte*.
Surveiller à **tout** *instant*.
Téléphoner de **toute** *manière*.
Rire en **toute** *occasion*.
Désirer à **tout** *prix*.
S'énerver à **tout** *propos*.
Répondre en **toute** *simplicité*.
Se produire de/en **tout** *temps*.
Circuler à **toute** *vitesse*.

Intervenir **tous** *azimuts*.
Toutes *choses* étant égales.
Rassurer à **tous** *égards*.

Courir à **toutes** *jambes*.
Ecrire en **toutes** *lettres*.
Ecouter de **toutes** ses *oreilles*.
Créer de **toutes** *pièces*.
Prendre une assurance **tous** *risques*.
Tourner à **tous** *vents*.
Naviguer **toutes** *voiles* dehors.
Regarder de **tous** ses *yeux*.

Toute *affaire* cessante/**toutes** *affaires* cessantes.
En **tout** *cas*/en **tous** *cas*.
De **tout** *côté*/de **tous** *côtés*.
A **tout** *crin*/à **tous** *crins*.
De **toute** *espèce*/de **toutes** *espèces*.
De **toute** *façon*/de **toutes** *façons*.
En **tout** *genre*/en **tous** *genres*.
En **tout** *lieu*/en **tous** *lieux*.
A **tout** *moment*/à **tous** *moments*.
De **toute** *part*/de **toutes** *parts*.
En **tout** *point*/en **tous** *points*.
Toute *proportion* gardée/**toutes** *proportions* gardées.
Pour **toute** *raison*/pour **toutes** *raisons*.
En **tout** *sens*/en **tous** *sens*.
Toute *sorte* de/**toutes** *sortes de*.
De **toute** *sorte*/de **toutes** *sortes*.

b) Les tournures suivantes illustrent deux façons de voir.

Il est **toute** *prudence*.
(Adj. qual. = entière)
Il a des *idées* **toutes** de travers.
(Adj. ind. = les unes les autres)

Il est **tout** prudence.
(Adverbe = entièrement, tout à fait)
Il a des idées **tout** de travers.
(Adv. = complètement)

Attention !

Dans l'expression *tout autre*, *tout* peut être adjectif ou adverbe.

- Il est déterminant indéfini et variable quand il se rapporte au nom et signifie « n'importe quel ».
  Parlez-moi de **toute** autre *chose*.
  (= de toute chose autre que celle dont vous me parlez.) (On peut mettre *autre* derrière *chose.)*
- Il est adverbe et invariable quand on ne peut le placer derrière le nom. Il signifie alors « tout à fait ».
  C'est **tout** autre chose que je désirais.
  (= Je désirais tout à fait autre chose.)

c) Quand *tout* appartient à la classe des adverbes, il varie devant un adjectif féminin commençant par une consonne ou un **h** aspiré.

Blandine a acheté des roses **toutes** blanches.
Jeanne était **toute** honteuse de cet incident.
On a vidé la soupière **tout** entière.
Magali se faisait **tout** humble.

d) *Tout* est considéré comme invariable dans les locutions *tout feu, tout flamme; tout yeux, tout oreilles;* (des tissus) *tout laine;* (des écharpes) *tout soie.*

e) On dit la *toute-puissance*, une personne *toute-puissante*, des sociétés *toutes-puissantes*, des personnages *tout-puissants*, les *tout-puissants*.

f) Précisons enfin que *tout* peut aussi appartenir à la classe des noms et à celle des pronoms.

Nous avons constitué plusieurs *touts* distincts. Plusieurs candidates se sont présentées : *toutes* remplissaient les conditions.

EXERCICES

Exercice n° 47

Niveau ⊕

Tout

1. Je me faisais un bonheur d'accomplir ainsi (tout) son ouvrage… (Françoise Chandernagor)
2. Les insurgés, (tout) à l'attaque imminente, tournaient le dos. (Victor Hugo)
3. J'étais le seul garçon dans cette ronde, où j'avais amené ma compagne (tout) jeune encore… (Gérard de Nerval)

4. Elle, elle était (tout) à s'expliquer, pour qu'il ne la crût pas déraisonnée. (Henri Pourrat)
5. (Tout) les arbres de la forêt étaient autour de toi. (Henri Gougaud)
6. Et voici l'aventure de cet homme qu'on avait sue (tout) entière par un palefrenier, son camarade. (Guy de Maupassant)
7. (Tout) s'est passé néanmoins comme si je n'avais débité que des contes de fées. (Jean Dutourd)
8. Il y avait (tout) l'Afrique, (tout) ces choses courantes en Afrique et qui étonnent fort l'Europe. (Camara Laye)
9. De (tout) manière, il faudrait que nous nous décidions. (Emmanuel Roblès)
10. Le (tout) fort propre et assez commode, en dépit de l'étroitesse des lieux… (Françoise Chandernagor)

Exercice n° 48

Niveau ⊕⊕

1. La chienne Poucette, elle est (tout) orgueil. (Sidonie Gabrielle Colette)
2. Une vague de corneilles noircit le ciel puis disparut (tout) entière dans le roc. (Jean Tousseul)
3. Des pieds à la tête, nous étions (tout) fruit, mais fruit meurtri, à l'odeur déjà pourrissante… (Pierre Gascar)
4. … Ne pensez qu'à vous, la règle d'or étant que l'attention de (tout) soit sans cesse sur vous, mon cher cœur. (Catherine Hermary-Vieille)
5. Vous avez préféré à (tout) autre contrée les rives de l'Euphrate. (Jean de La Bruyère)
6. Rome n'est plus dans Rome, elle est (tout) où je suis. (Pierre Corneille)
7. La forêt est (tout) noire comme une chaîne de montagnes. (Charles Ferdinand Ramuz)
8. La littérature est décidément (tout)-puissante. (Alain Finkielkraut)
9. Elle me paraissait (tout) âme et, de corps, (tout) fragilité… (André Gide)
10. Il l'eût souhaitée (tout) autre en ce moment, joyeuse et forte. (Jacques Chardonne)

11. Même (Bu §§ 646-647, 752)

> a) Il peut être adjectif indéfini. *Même* marque alors l'identité, la similitude, l'insistance, la précision, l'exactitude ou bien montre que des qualités sont portées au plus haut degré.

Louise et Clémence s'adonnent aux **mêmes** *occupations.*

Les enfants *eux*-**mêmes** ont fabriqué ces chariots.

Marie-Thérèse est venue le *matin* **même**.

Le style est l'*homme* **même**. (Georges-Louis Buffon)

Madame Fournier était la *sagesse*, la *droiture* et la *vérité* **mêmes**.

- Quand *même* se rapporte à un pronom personnel, il s'accorde avec lui et s'y joint par un trait d'union.

  Elles-**mêmes** ne le croyaient pas.

- *Même* reste cependant invariable quand le pronom n'indique pas un pluriel grammatical, mais un pluriel de majesté, de politesse...

  Nous-**même**, Louis, roi de France et de Navarre...

  Monsieur, avez-vous, *vous*-**même**, examiné ces ouvrages?

b) Dans les exemples suivants, l'usage hésite : *même* peut être considéré comme un adjectif indéfini qui marque l'insistance, la précision sur l'identité ; mais *même* peut aussi être un adverbe qui marque l'extension ou la fin d'une gradation.

- *Ces plantes* **mêmes** sont envahies par les pucerons.
  (Adj. ind. = ces plantes elles-mêmes.)
- Ces plantes *même* sont envahies par les pucerons. (Adverbe = aussi.)
- Ce sont *ceux-là* **mêmes** à qui vous aviez parlé. (Adj. ind. = ceux-là eux-mêmes.) Ce sont ceux-là *même* à qui vous aviez parlé.
  (Adverbe = même ceux-là.)

Savoir +

On a vu que *même* pouvait appartenir à la classe des adjectifs indéfinis et à celle des adverbes. Il peut aussi faire partie de celle des noms et de celle des pronoms.

Cela revient au **même**.

On prend les **mêmes** et on recommence.

EXERCICES

Exercice n° 49

Niveau ⊕

Même

1. Elle est la poésie et la fantaisie (même). (Marie Cardinal)
2. Ceux-là (même) qui ont cru ne devoir leurs ouvrages qu'à leur désir et à leurs vertus. (Michel Butor)
3. La force qui vous a été départie, votre adresse (même) à certains travaux manuels, c'était là sans doute le signe d'une vocation moins haute, où la Providence vous appelait. (Jacques Chardonne)
4. Les chiens tournaient sur eux-(même) comme des fous. (Alphonse Daudet)
5. Nous méprisons beaucoup de choses pour ne pas nous mépriser nous-(même). (Vauvenargues)

Exercice n° 50

Niveau ⊕⊕

1. Ces mots (même) n'ont de sens pour moi que parce que je sais bien autre chose. (Michel Butor)
2. L'instinct de la nature, l'inspiration naïve du génie de la contrée, leur fit souvent choisir pour théâtre de ces fêtes les lieux (même) qu'avaient préférés nos vieux Gaulois, les druides. (Jules Michelet)
3. Nous ne savons pas s'il s'agit des (même), interrompit Agnès. (Vincent Engel)
4. Nous avions appris dans *l'Emile et les Rêveries*, que le malheur était fils de l'esprit urbain et, peut-être, des livres (même). (Bernard-Henri Lévy)
5. Certains, je les connaissais : ils ne savaient (même) pas lire. (Erik Orsenna)

12. Tel (Bu §§ 641-643 et 765)

A. *Tel* peut être adjectif qualificatif. Il marque alors la similitude ou l'intensité et signifie « pareil, semblable, si grand, si fort ».

La pauvreté vaut mieux qu'une **telle** *richesse*. (Jean de La Fontaine)

Pour être heureuse, il suffit parfois de *se* croire **telle**.

Tels furent les *résultats* de l'essai.

Une nouvelle d'une **telle** *importance* va étonner.

Une **telle** *pluie* ne peut faire que des dégâts.

a) Quand *tel que* précède une énumération, *tel* s'accorde avec le terme synthétique (mot développé).

Les *bêtes* fauves, **telles que** le tigre, le lion.... (Ac.)

b) Lorsque *tel* est employé pour marquer la comparaison, l'usage hésite : l'accord se fait avec le premier (ce qui est comparé) ou avec le deuxième (ce à quoi l'on compare).

Les *hélicoptères* bourdonnaient **tels/telles** des *abeilles*.

c) *Tel* est adjectif et variable dans les expressions suivantes : *considérer comme tel, croire tel, reconnaître pour tel, en tant que tel, tel quel...*

Cette voie n'est pas un chemin public, mais tout le monde *la* considère **comme telle**.

Cette *terre*, **en tant que telle**, n'est pas mauvaise.

Elle a laissé les *choses* **telles quelles**.

Attention !

Ne pas confondre ce dernier exemple avec celui qui suit.

Les peintures, je ne *les* ai pas trouvées **telles** qu'elles m'avaient été décrites. (Pron. pers. *elles)* Au masculin : Les tableaux, je ne *les* ai pas trouvés **tels** qu'ils m'avaient été décrits.

B. *Tel* peut être déterminant indéfini. Il accompagne alors les personnes et les choses que l'on ne veut ou ne peut désigner avec précision.

Telle *voiture* consommait trop d'essence, **telle** autre tenait mal la route.

Savoir +

Tel peut aussi être pronom indéfini.

Tel est pris qui croyait prendre. (Jean de La Fontaine)

EXERCICES

Exercice n° 51

Niveau +

Tel

1. Je ne saurais dire si le musicien qui jouait du biniou s'en acquittait avec talent, mais il en jouait du moins avec une violence (tel). (Eugène Fromentin)
2. Notre pays, (tel) qu'il est, parmi les autres (tel) qu'ils sont, doit viser haut et se tenir droit. (Charles de Gaulle)

3. Mon amour pour elle était (tel) que, lorsque quelques mois plus tard, je sortis de ce couvent, je pensai mourir de chagrin... (Françoise Chandernagor)
4. Sylvain arpente les lieux, interroge les objets, (tel) barrière versée, (tel) porte béante, (tel) outil pourrissant dans les hautes herbes. (Bernard Tirtiaux)
5. (Tel) fut, en ce siècle, la grande leçon portugaise. (Bernard-Henri Lévy)

Exercice n° 52

Niveau ●●

1. Quand projetait-elle hors de ses livres son regard, (tel) la lumière d'une lampe? (Marie-Claire Blais)
2. A chaque coup, je gagne, c'est là ma destinée, (tel) que les chiffres l'écrivent dans le ciel. (Raymond Queneau)
3. Les deux vasques sont pareilles, l'une devant l'autre, (tel) une grosse main d'homme à côté d'une main d'enfant ouverte. (André Suarès)
4. Dans la tragédie, je veux représenter toujours la destinée et l'homme (tel) que je les conçois. (Alfred de Vigny)
5. Seuls, les grands blés mûris, (tel) qu'une mer dorée/Se déroulent au loin, dédaigneux du sommeil... (Charles Marie Leconte de Lisle)

13. Adjectifs et déterminants numéraux (Bu §§ 598-600)

A. D'une façon générale, ils sont invariables.

Nous avons étudié les **quatre** *opérations.*

Elle a déjà présenté **cinq** *examens.*

Mais il y a **mille** et **mille** *choses* sur lesquelles on ne peut s'expliquer ou s'entendre par lettres. (Georges-Louis Buffon)

B. *Vingt* et *cent* prennent la marque du pluriel quand ils sont multipliés et qu'ils terminent le nombre. (Bu §§ 591 b et 594 b)

Prête-moi **vingt** *euros.*

Dominique cultive **cent** *hectares.*

Cela n'arrive que tous les **cent** *ans.*

Il ne nous faut donc plus que **deux cents** ou **deux cent vingt** *pages* pour achever ce huitième volume. (Georges-Louis Buffon)

Elle a plus de **quatre-vingts** *ans*.

Quatre-vingt-six *maisons* ont été construites.

Savoir +

a) *Millier, million* et *milliard*, qui sont des noms, n'empêchent pas l'accord de *vingt* et de *cent*. (Bu **§ 431 c 1**)

Le pays compte **cinq cents** *milliers* d'étrangers.

Cet immeuble a coûté **quatre-vingts** *millions*.

Le budget de ce ministère s'élève à **deutx cents** *milliards*.

b) *Vingt* et *cent* ne varient pas lorsqu'ils ont valeur d'adjectifs numéraux ordinaux.

Page **quatre-vingt**. (Ac.)

L'*an* **huit cent**.

c) En commençant les dates de l'ère chrétienne, on peut utiliser *mil* ou *mille*. (Bu **§ 591 b**)

C'était en **mil**/**mille** neuf cent cinquante.

C. L'adjectif numéral cardinal *un* peut se mettre au féminin. Mais placé derrière le nom, il devient ordinal et invariable. Mais l'usage hésite. (Bu **§ 591 a**)

Page **un**, *voie* **un**.

Cette classe compte **huit** *garçons* et **vingt et une** *filles*.

Pour l'emploi du trait d'union, voir Bu **§§ 109 c 3, 110 c, 593 a et 594 a.**

EXERCICES

Exercice n° 53

Niveau +

Adjectifs et déterminants numéraux

1. (Mille) oiseaux qui s'enfuient n'en font pas un qui se pose… (Jules Supervielle)
2. Je rencontre (quinze) Orson Welles par jour, (vingt-cinq) futurs Gabin, (cinquante) actuelles Garbo… (Patrick Cauvin)
3. Une hirondelle se laisserait plutôt mourir que de renoncer à aucun des (quatre) vents. (Réjean Ducharme)
4. Au texte intégral de la tragédie en (quinze) pages s'ajoutent (vingt) pages d'éclaircissements. (*Lire*, 2008.)
5. (Vingt) fois j'ai fait pâlir mes bourreaux. (Olivier Blanc)

Exercice n° 54

Niveau ⊕⊕

1. Prenez votre livre à la page (deux cent).
2. Pour en finir avec les années (quatre-vingt). (Marie-Odile Briet)
3. Sur certaines étapes, (trois ou quatre cent) flèches sont volées avant le passage du peloton. (Guillaume Prébois)
4. Nous arpentons ce vestibule sur une distance de (deux cent) mètres. (Norbert Casteret)
5. Le louis d'or valait (trois mille neuf cent cinquante) francs. (Victor Hugo)

Mémo final

- L'adjectif s'accorde en genre et en nombre avec le nom (ou le pronom) auquel il se rapporte. Mais il importe de bien examiner la construction et le sens de la phrase pour savoir à quel nom l'adjectif se rapporte.
- L'adjectif qui se rapporte à plusieurs noms se met au pluriel. Même remarque.
- Dans les adjectifs composés, les deux éléments varient quand ils qualifient le même nom.
- Les adjectifs simples désignant la couleur sont variables.
- Les adjectifs employés adverbialement ne varient pas.
- Les adjectifs empruntés ainsi que les adjectifs occasionnels sont généralement invariables.
- *Demi, mi* et *semi* sont invariables quand ils sont placés devant le nom auquel ils se rapportent.
- *Quel* est variable quand il est seul ou dans l'expression *quel que*. *Quelque* est tantôt adjectif et tantôt adverbe. Idem dans l'expression *quelque... que*.
- D'une façon générale, *tout* varie quand il est adjectif ou déterminant indéfini. Il arrive aussi qu'il varie en étant adverbe.
- *Même* est variable quand il est adjectif indéfini et invariable quand il est adverbe.
- *Tel* varie quand il est adjectif qualificatif ou déterminant indéfini.
- Les adjectifs et déterminants numéraux sont invariables. *Vingt* et *cent* prennent la marque du pluriel quand ils sont multipliés et terminent le nombre.

Exercices de révision

Exercice n° 55

Niveau ⊕

Cet exercice, relativement facile, vous permettra une première évaluation.

1. Les danses tournoyaient en cercles (capricieux) sous les bougies (pâlissant), les fleurs mouraient dans l'air (rare) et fatigué, les sons de l'orchestre venaient s'éteindre sous la voûte de marbre, et dans la (chaud) vapeur du bal passaient et repassaient de (pâle) figures (triste) et (beau) sous leurs habits de fête ; mais au-dessus de ce tableau (riche) et (vaste), au-dessus de ces tons (éclatant) adoucis par la vague de la profondeur et le poids de l'atmosphère, au-dessus des masques (bizarre), des parures (étincelant), des (frais) quadrilles et des groupes de femmes (jeune) et (rieur), au-dessus du mouvement et du bruit, au-dessus de tout, s'élevait la (grand) figure isolée de Lélia. (George Sand)

2. J'achetai donc des chameaux (montagnard) du Tibesti – (noir), frisés, (infatigable)- des porteurs de Batha- (énorme), (lourd), au poil (ras) et (beige), (inutilisable) en montagne à cause de leur maladresse, mais (insensible) aux moustiques, aux mouches et aux taons – et, bien entendu, de (fin) et (rapide) coursiers couleur de lune, ces méharis (léger) comme des gazelles, montés sur des selles (écarlate)… (Michel Tournier)

3. … Je revois une enfant (silencieux) que le printemps enchantait déjà d'un bonheur (sauvage), d'une (triste) et (mystérieux) joie… Une enfant (prisonnier), le jour, dans une école, et qui échangeait des jouets, des images contre les (premier) bouquets de violettes des bois, noués d'un fil de coton (rouge), rapportés par les (petit)

bergères des fermes (environnant)... Violettes à (court) tige, violettes (blanc) et violettes (bleu), et violettes d'un blanc-bleu veiné de nacre (mauve) – violettes de coucou (anémique) et (large), qui haussent sur de (long) tiges leurs (pâle) corolles (inodore)... (Sidonie Gabrielle Colette)

Exercice n° 56

Niveau ⊕⊕

1. Vous êtes (jeune), vous devez être (bon) pour deux raisons : la première, c'est que vous êtes Gascon ; la seconde, c'est que vous êtes mon fils. (Alexandre Dumas)
2. J'ai ouï dire à (feu) ma sœur que sa fille et moi naquîmes la même année. (Montesquieu)
3. Déshabiller du bout des doigts les pommes de terre (nouveau). (Roger Vergé)
4. Les mères lui offraient leurs enfants (nouveau-né). (Pierre Emmanuel)
5. Henri IV se montre amateur de nourritures (simple) et (haut) en goût - d'ail, par exemple ! - prises dans une atmosphère (bon enfant). (Jean-Robert Pitte)
6. Galopant jusqu'à la (premier) marche du perron, elle s'y arrêtait (court). (Gustave Flaubert)
7. Ma mère-(grand), que vous avez de (grand) bras ! (Charles Perrault)
8. Et pourtant les paquebots (italien) ou (suédois) qui crachent une fumée (noir) de (tout) (leur) cheminées sont bien loin des voiles (lumineux) qui vont un jour ramener Isolde au port ! (Pierre-Jean Rémy)
9. (Tout) émotions retenues, (tout) douleurs maîtrisées, (tout) sanglots interdits, il faut bien m'y résoudre. (Mustapha Tlili)
10. (Quatre-vingt-dix-neuf) moutons et un Champenois font (cent) bêtes. (*Proverbe*)

Exercice n° 57

Niveau ⊕⊕

Idem

1. On m'avait parlé de ces (horrible) sélections (nippon) imposées (mille) fois trop tôt à des enfants (conscient) de l'importance de l'enjeu. (Amélie Nothomb)
2. La (beau) personne, (frais) et (sain), aux traits (net), (fin), un peu (sec), qui fait une moue décidée, trône, (somptueux) et (rustique), sous un baldaquin enguirlandé de fruits ; et sa (beau) main (robuste), aux doigts (long), tend à l'enfant une poire. (Romain Rolland)

3. Le siècle eût été bon si l'homme n'eût été guetté par son ennemi (cruel) (immémorial), par l'espèce (carnassier) qui avait juré sa perte, par la bête sans poil et (malin), par l'homme. (Jean-Paul Sartre)
4. Il évoquait la chute (nauséeux) et (mou) des (mauvais) rêves. (Julien Gracq)
5. Ils ont franchi des espaces (solennel), les (vaste) cours de palais (royal). (Nathalie Sarraute)
6. La chair (périphérique), (compact) et (homogène), d'un (beau) rouge de chimie est régulièrement (épais) entre une bande de peau (luisant) et la loge où sont rangés les pépins, (jaune), bien calibrés. (Alain Robbe-Grillet)
7. J'ai remercié aussi René, ce (gros) barbu (mystique) qui porte des chemises (blanc) sans col, une queue de cheval (poivre et sel)… (Philippe Claudel)
8. Nous les entendons, (quelque) temps, converser à voix (languissant), rire, puis chanter la chanson de l'ombre, celle qui est (long), (indistinct), (fervent) comme une prière. (Georges Duhamel)
9. Une centaine de maisonnettes (haut), (bas), couvertes de bardeaux ou de (vieux) tuiles (gris), bordent la rivière. (Erckmann-Chatrian)
10. Il laissa tomber sur ses (vieux) bottines un regard étonné : il ne les aurait pas crues si (laid). (Jules Romains)

Exercice n° 58

Niveau ++

Idem

1. Devant de (tel) infortunes, (tout) parole est (faible) ou (cruel). (Alfred de Vigny)
2. Pour y arriver à (bas) mer, on franchit des courants d'eau sur des ponts (étroit) de pierres (plat), que recouvre la marée (montant). (François René de Chateaubriand)
3. Le problème était, pour cet octogénaire (ascétique), (droit) comme un arbre de trinquet, d'enfourcher sa monture (antédiluvien). (Jean-Claude Pirotte)
4. Vous avez bien annoncé que la consultation (gratuit) cessait à onze heures et (demi) ? (Jules Romains)
5. Ils assistaient à la métamorphose de la salle qui, en (quelque) minutes, cessa d'être (cet) grotte (silencieux), (poussiéreux), (rougeoyant). (Roger Martin du Gard)
6. Leurs têtes (mi)-(vert), (mi)-(blanc), trouaient l'eau de-ci de-là. (Pierre Benoit)
7. Une (grand) fille (roux), (nu)-pieds, tête (nu), vient m'ouvrir la barrière. (François René de Chateaubriand)
8. J'y trouve les qualités les plus (divers) : une pensée d'une vigueur et d'une hauteur (étonnant) ; un sens (psychologique) des plus (aigu) ;

un style dont la perfection et le bonheur sont presque (constant). (Jules Romains)

9. À l'écoute des réponses de Marguerite Yourcenar, de ses mots qui tombaient si (juste), de ses phrases (plein), (lent), (charnu) et cependant (gracieux) et (ondoyant), jamais je n'ai autant éprouvé la conviction que je parle mal. (Bernard Pivot)

10. Ce visage avait tout à coup (trente) ans de moins : plus une ride, une distinction, une majesté, une finesse de traits (lumineux), les yeux (mi)-clos, la bouche à (demi) ouverte, la langue déjà (noir), le bout des doigts (bleu). (Y. Guillou)

Exercice n° 59

Niveau ✪✪

Idem

1. (Grand) pour son âge, (blond) aux yeux (brun) comme sa mère, avec les (même) cheveux (ruisselant), aux ondes (souple), moirées de reflets, elle montrait dans le feu de ses regards, dans l'élan de ses (moindre) gestes l'(ardent) vitalité du (jeune) seigneur Bonavent. (Maurice Genevoix)
2. (Nul) (vieux) noix (sec) ne peut s'échapper de la fenêtre. (Anne Hébert)
3. Elle commençait à repousser les peaux (blême) qui envahissaient ses ongles, pour dégager, (blanc) sur (mauve), à (petit) coups (douloureux), le dessin (parfait) des lunules. (François Nourissier)
4. Ils ont l'air (content), se rendent visite. (Conrad Detrez)
5. Cheveux (écarlate), face (multicolore), yeux et bouche (orange) et agrandis, Omar-Paul se présenta devant le forain qui le fixait bouche (bée). (Andrée Chedid)
6. Sa vie comme (tout) autre a pu se montrer sur ce point (sujet) à l'inconséquence. (Julien Gracq)
7. C'est la femme (tout) entière et pourtant la femme (tel) qu'elle est aujourd'hui. (André Breton)
8. J'avais, sous des apparences (fâcheux), une (fort) santé, la santé de mon père, une santé (paysan), une santé (normand). (Georges Bernanos)
9. Voici pourquoi : le pouvoir absorbant d'une molécule de vapeur (aqueux) est (seize mille) fois (supérieur) à celui d'une molécule d'air (sec). (Guy de Maupassant)
10. La salle était (plein) de gens (hirsute) et (poussiéreux) amoncelés autour des tables (nu). (Yasmina Khadra)

Examen final

1. Faites cuire environ une heure et (demi). (Colette Gouvion)
2. Gertrude était aveugle et (sourd-muet). (André Gide)
3. Au sortir de l'hiver, Guerlain redécouvre la frivolité d'une saison (annonciateur) de bonheur et d'abondance. (*Publicité*)
4. Il n'y a pas dans notre jardin un arbre plus compliqué, une herbe plus mobile, une liane aussi (traitre/traître), aussi (impérieux). (Sidonie Gabrielle Colette)
5. Il orchestre en effet pour le moment sa prochaine escapade, via un souterrain creusé à (grand)-peine dans le jardin du dey d'Alger. (Bernard Tirtiaux)
6. Si elles osaient parler (franc), elles les déclareraient de la plus (révoltant) injustice. (André Gide)
7. Mais pas toutes affaires (cessant)… (*Le Soir*, 2009)
8. Alphonse Corman possède une cinquantaine de vaches laitières (pie noir). (*Le Soir*, 2009)
9. Il est (nu)-tête. (Georges Thinès)
10. Plusieurs îles (grec) sont (plat). (Jean d'Ormesson)
11. Attends seulement que je cherche pour la plante de mes pieds qui fourmille et qui brûle, une place (tout) fraîche. (Sidonie Gabrielle Colette)
12. Elle avait les yeux (grand) ouverts. (Amélie Nothomb)
13. A moins que l'argent ne s'en mêle, ce qui n'est pas des plus (orthodoxe). (Vincent Engel)

14. Et en même temps, elle est loin d'être une paysanne (naïf). (Geneviève Dormann)

15. La dernière catastrophe géologique a eu lieu il y a environ (quatre cent/ quatre-cent) ans… (Jean-Marie Gustave Le Clézio)

16. Ses cheveux (mi-long), (châtain clair), sont rejetés en arrière. (Max Gallo)

17. D'immenses bâches de plastique (gris) recouvrent la plaine. (Michel Houellebecq)

18. L'idée me traverse, (fugitif) que Pézenas est encore loin. (Eric Fottorino)

19. Elle lui apparut fort (mignon). (Eric-Emmanuel Schmitt)

20. Ce qui eut lieu n'aura plus lieu, jamais, et l'action (quel) qu'elle soit, aurait fort bien pu ne pas être ou être autrement. (Charles de Gaulle)

Corrigés

Exercice n° 1

Niveau ⊕ p. 25

Participes présents ou adjectifs verbaux ?

1. Dutilleul voulut protester, mais M. Lécuyer, la *voix* **tonnante**, le traita de cancrelat routinier, et, avant de partir, **froissant** la lettre qu'il avait en main, la lui jeta au visage. (Marcel Aymé)
2. La figure d'Adrienne resta seule, **triomphant** *mirage* de la gloire et de la beauté, **adoucissant** ou **partageant** les heures des sévères études. (Gérard de Nerval)
3. Un petit pavillon de la *rue* **montante** qui menait au cœur du village. (Madeleine Chapsal)
4. Il se retourne, **reconnaissant** la *voix* douce et **chantante** qui l'a bercé toute la nuit. (Michel Tournier)
5. Je vous ai imaginés tous deux ainsi dans la rue, contre l'asphalte, toi **dormant-mourant**, moi te **fermant** les yeux… (Philippe Claudel)
6. Le site est bien choisi, pourvu d'**abondantes** *sources* d'eau potable. (*Historia*, 740)
7. Noirceur des jours que trouent de feux **errants** les prunelles des bêtes borgnes. (Jean Grosjean)
8. Il faudrait fermer, au fond de la cour, les *portes* **battantes**. (Raphaëlle Billetdoux)
9. Les *yeux* fermés, **brûlants**, la *tête* **bourdonnante**, je m'arrêtais. (Paul Guth)
10. En récréation, sous les *platanes* **bourgeonneants** de verdures tendres, on détaille les programmes fantastiques apportés par les externes. (Jules Laforgue)

Exercice n° 2

Niveau ✚✚ p. 26

Idem

1. Les Girondins étaient un groupe d'*hommes politiques* **influents** de la Convention. (Victor Hugo)
2. A Capri, Tibère donnait des fêtes illuminées par des *statues* **vivantes**, **brandissant** des torches. (Michel Déon)
3. Vous avez raison aussi de signaler cette *Fougère* de *La Mise à mort* qui n'est tout de même pas très **convaincante**. (François Taillandier)
4. J'attendis trois jours avant de me rendre à la *poste* **restante**.
5. Il y a un système de *vases* **communicants**. (Michel Tournier)
6. Et puis disons la vérité : ce n'est pas un *travail* **fatigant**… (Belamri)
7. Les écoutes paraissent être *pratique* **courante** chez certains détectives, **violant** ainsi de manière flagrante la vie privée. (*Presse*, 1996)
8. J'aime un Hémon dur et jeune : un *Hémon* **exigeant** et fidèle, comme moi. (Jean Anouilh)
9. Revenez pour le repas que l'on sert à une *heure* **sonnant/sonnante**. (Catherine Hermary-Vieille)
10. Je cherchais des *gens* bien, **exigeants**, **aimant** et **connaissant** le cinéma. (Pierre Moinot)

Exercice n° 3

Niveau ✚ p. 32

Le féminin

1. Pas une *aile* **prudente** ou **hardie** dans le vent. (Paul Eluard)
2. Le mot agit, non pas comme une *force* **idéale**, mais comme une *puissance* **obscure**… (Maurice Blanchot)
3. Mais qui aurait pu imaginer une *disparition* aussi **brutale** et enragée du troupeau tout entier ? (Didier Decoin)
4. La *vie* est trop **courte** pour être **petite**. (André Maurois)
5. Une *rose* d'automne est plus qu'une autre **exquise**. (Agrippa d'Aubigné)
6. Cette perfection même me *la* rendait encore plus **terrifiante**. (Marie Cardinal)
7. Ils auront été vaincus à **plate** *couture*… (Réjean Ducharme)
8. Je gardais **intacte** ma *passion* pour la Négritude. (Léopold Sédar Senghor)
9. Car Laurencin, toute **blonde** et **jeune** qu'*elle* était, n'avait pas peur des mots… (Erik Orsenna)
10. **Grande** *chère*, **petit** *testament*. (*Proverbe*)

Exercice n° 4

Niveau ✪✪ p. 33

Le féminin

1. **Grande** pour tous les êtres est la *tristesse* du soir. (Jules Michelet)
2. Et mon **nouvel** *ami* avait l'*une* de ces voix qui vous emportent, **chaude**, **grave**, **lente**, une voix dans laquelle on se blottit dès les premiers mots. (Erik Orsenna)
3. La découverte des Pyrénées fut sans conteste une **grande** *aventure* **humaine** que partagèrent avec plus ou moins de bonheur bon nombre de montagnards. (André Galicia)
4. La Chine disposait dès le Moyen Age d'une *classe* **marchande** très **dynamique**... (Marie-Claire Bergère)
5. Tous les milieux naturels se trouvent réunis sur une **étroite** *frange* **littorale** de soixante kilomètres. (*Guide bleu*, 2007)
6. Les pharmaciens bénéficient en outre dans une **large** *mesure* de la confiance des patients. (*Test Santé*, 2008)
7. Une **grande** *banque* **belge** issue de la fusion d'Ethias, Dexia et Fortis, mythe ou optique crédible? (*Vers l'Avenir*, 23-01-2009)
8. C'est à la *commission* **provinciale** de sécurité routière de se pencher sur le dossier. (*La Libre*, 22-01-2009)
9. Jouant d'ailleurs d'une *truculence* **verbale** typiquement **toscane** dont Dante était déjà l'héritier... (*L'Histoire*, 2008)
10. L'assaut contre la IVe République est donné par l'*insurrection* **française** en Algérie et la menace d'une extension sur la métropole. (Valérie-Barbara Rosoux)

Exercice n° 5

Niveau ✪ p. 35

Remarques sur la règle générale du féminin.

1. La Louvière, autre cité sinistrée du bassin industriel wallon où ne survit qu'à **grand**-*peine* une aciérie dégraissée... (*Le Monde*, 2008.)
2. N'oublions pas la méthode naturelle de *mère*-**grand** qui tachait son oreiller d'une goutte d'essence de citronnelle. (*Presse*, 1996.)
3. Ne fais pas rougir de honte **grand**-*mère* et **grand**-*père*. (Eugène Ionesco)
4. Françoise s'est acheté une *veste* **chic**.
5. Nous avons une *voisine* **mulâtre** avec laquelle nous nous entendons fort bien.
6. Les lynx sautaient au col des chevaux, cherchaient du mufle des *veines* **maitres**/**maîtres**/**maitresses**/**maîtresses**. (Maurice Genevoix)

Corrigés

7. Il en est *une*, cuivrée, presque **noire**, aux attaches fines et à l'*élégance* **nègre**. (Bernard Tirtiaux)

8. A la **feue** *gare* Montparnasse… **(Bu)**

9. Il faut dire qu'en ce qui concerne la géographie, je n'ai pas entendu parler de **grand**-*chose*. (Patrick Cauvin)

10. On m'imposa des formes, des variétés dont je ne m'apercevais qu'ensuite qu'elles ne me convenaient pas du tout ou qu'*elles* étaient **traitres**/**traîtres**/**traitresses**/**traîtresses**. (Madeleine Chapsal)

Exercice n° 6

Niveau ⊕⊕ p. 36

Remarques sur la règle générale du féminin.

1. Toute la famille connaissait bien cette *tante* **radin**/**radine**.

2. Depuis cette époque mémorable, ils n'avaient pas **grand**-*chose* à se dire. (Muriel Barbery)

3. J'ai ouï dire à **feu** ma *sœur* que sa fille et moi naquîmes la même année. (*Le Robert*)

4. Cet atelier avait recours à une *essence* fort **volatile**.

5. De ta **défunte** *mère* est-ce là la leçon ? (Jean Racine)

6. Elle avait une préférence pour la *laine* **angora**.

7. Le retour de la confiance dans le système bancaire apparaît aujourd'hui comme une *pièce* **maitre**/**maître**/**maitresse**/**maîtresse** du plan de relance. (*Le Soir*, 2009)

8. Vu qu'elle avait une *taille* **standard**, elle trouvait facilement des vêtements à sa mesure.

9. Une bûche, une **maitre**/**maître**/**maitresse**/**maîtresse** *bûche*, une vraie bûche de Noël. (*Le Robert*)

10. Il orchestre en effet pour le moment sa prochaine escapade, via un souterrain creusé à **grand**-*peine* dans le jardin du dey d'Alger. (Bernard Tirtiaux)

Exercice n° 7

Niveau ⊕ p. 39

Règles particulières du féminin : redoublement de la consonne finale.

1. La *ville* était entièrement **piétonne** et assez silencieuse. (Pascal Quignard)

2. Je peignais comme toi, ma **mignonne** *Yvonnette*. (Guillaume Apollinaire)

3. Nous avions l'impression de toucher à une *minute* **solennelle**. (Francis Carco)

4. Il y met l'*ardeur* **lasse** dont est capable *quelqu'un* d'**indifférent** à la vie. (Mohammed Dib)
5. Un **gros** *figuier*, qu'on entourait de paille tous les hivers, se chargeait, en été, de **grosses** *figues* **violetttes**. (Edmond About)
6. Vous savez, dans l'*agglomération* **parisienne**, il faut quelqu'un à aimer. (Emile Ajar)
7. Entre les rochers, il y a les *racines* **puissantes**, **pareilles** à des bras de métal. (Jean-Marie Gustave Le Clézio)
8. Je ferai appel au bon sens et à l'intelligence de ta *fille* **cadette**. (Tahar Ben Jelloun)
9. L'*anxiété* **maternelle** trouve dans cette économie *quelque chose* de **rassurant**. (Rafaël Pividal)
10. La danse est de la *musique* **visuelle**. (Maurice Béjart)
11. Il me raconta à nouveau un apologue qu'il avait déjà utilisé : celui de l'*épouse* un peu **simplette**. (Albert Memmi)
12. Les **jeunes** *entreprises* **wallonnes** méritent d'être mises en valeur. (*Le Soir*, 2008)
13. Les *caisses* **indiennes** sont vides et la *dette* **extérieure** prend des allures de boule de neige. (*Presse*, 1996)
14. Le *central* **téléphonique** de la *capitale* **lituanienne** a été envahi. (*Presse*, 1996)
15. Figures et propos fameux défilent au gré de **secrètes** *logiques*. (Bertrand Poirot-Delpech)
16. Au surplus, ce n'est pas sur ce plan qu'*elle* est – ou que je la sens – le plus **sujette** à caution. (André Gide)
17. J'ajoutais à son inquiétude en me défendant d'être attiré par la société sous sa *forme* **actuelle**... (Yann Queffélec)
18. Neuf *organisations* non **gouvernementales brésiliennes** et **internationales** ont élaboré un pacte ambitieux pour la valorisation de l'Amazone. (*Le Monde*, 2008)
19. Les éclats d'*encre* **violette** jaspaient des *paysages* **pointillistes** sur les tranches des registres à façon. (Robert Sabatier)
20. Cette piste ressemblait à une *tranchée* **basse**. (Julien Gracq)

Exercice n° 8

Niveau ✪✪ p. 40

Règles particulières du féminin/redoublement de la consonne finale

1. Il se mit à crier les noms comiquement rebaptisés dans sa *bouche* **teutonne**. (F. André)

2. **Nulle** *vie* et **nul** *bruit*. (Charles-Marie Leconte de Lisle)
3. Les fleurs blanches épanouies sur l'eau sont devenues des nids de soleil où des rayons ont déposé la *plume* **vermeille** des étamines. (Marie Gevers)
4. La patronne était une *Française*, très **jeune** et très **gentille**. (Albert Memmi)
5. Je dirais aussi que notre *culture* est quelque peu **métisse**. (Mario Soares)
6. Pour que la *métropole* **lorraine** reprenne goût à son histoire et redécouvre son **splendide** *centre-ville*… (*Le Monde*, 2008)
7. Il voulait éprouver les *joies* **secrètes** d'une union non consacrée avec les hommes. (Jean Giraudoux)
8. Mais voici les *maisons* **vieillottes**. (Valère Gille)
9. Les *troupes* **soviétiques** ont également pris le contrôle de la *télévision* **lettone/lettonne**. (*Presse*, 1996)
10. Il aperçoit près de la bâtisse la *jument* **rouanne** du chevalier attachée par la bride. (Bernard Tirtiaux)
11. Je connais de l'intérieur l'*âme* **paysanne**. (Christian Signol)
12. *Elles* sont aussi **ridicules** et **désuètes** parmi vous qu'un pauvre cocon dans une fabrique de *soie* **végétale**. (Georges Bernanos)
13. Jusqu'ici, les *usines* **nippones/nipponnes** de la C.E.E. produisent au ralenti. (*Presse*, 1996)
14. Il s'agit d'une enzyme, de *celles* qu'on disait **gloutonnes** jadis. (*Presse*, 1996) (*Enzyme* a un double genre : on pourrait donc mettre *glouton* au masculin.)
15. Qui aurait pu croire qu'au même emplacement se trouvait la **coquette** *mercerie* de Virginie Châteauneuf ? (Robert Sabatier)
16. Sa *position* sur l'adoption est **sujette** à variation. (*Le Monde*, 2008)
17. Une *lumière* **méridienne** creusait les cavités en ombrant les yeux. (Eric Fottorino)
18. *Grand-mère*, si **fluette**, prenait une **telle** *place* dans la maison. (Michel Ragon)
19. *Poule* **faisane** farcie cuite au pot, sauce Albufera. (*Cuisine et vins*, 2008)
20. La *réaction*, hélas, est fort **différente**. **Cruelle**. (Jean-Michel Barrault)

Exercice n° 9

Niveau ⊕ p. 43

Remplacement de la consonne finale du masculin.

1. *Elle* est **douce**, **attentive**, **aimante** avec eux. (Max Gallo)
2. La *surface* **boueuse** bouillonnait par endroits. (Romain Gary)

3. En vieillissant, j'ai vu que ma *figure* **caduque** inquiétait les enfants. (Jean-Jacques Rousseau)
4. Nul besoin d'être bien **malin/maligne** pour deviner que la jalousie les avait envahis. (Erik Orsenna)
5. C'est ainsi qu'il fit *main* **basse** sur deux mulets chargés de vin du Languedoc et laissa la *vie* **sauve** à leur conducteur. (André Chamson)
6. La province passa de la *domination* **turque** à la *domination* **chrétienne**… (Bernard Tirtiaux)
7. Quelques *taches* **blanches** et **grises** étirées dans le sens du vent. (Georges Thinès)
8. O vous que rafraîchit l'orage, la *force* **vive** et l'*idée* **neuve** rafraîchiront votre couche de vivants… (Alexis Léger)
9. La *brise* plus **fraiche/fraîche** lui coulait sur le visage. (Julien Green)
10. Il penchait vers nous sa *joue* **sèche** et **creuse**. (François René de Chateaubriand)

Exercice n° 10

Niveau ✚✚ p. 43

Remplacement de la consonne finale du masculin

1. Avec la chaleur du jour s'éleva une *brume* **laiteuse**. (Alain)
2. La *terre* labourée où mûrissent les graines/Ondulera, **joyeuse** et **douce**, à petits flots. (Anna de Noailles)
3. Il est toujours intéressant de comparer les déclarations faites à deux *opinions* **publiques différentes**. (*La Libre*, 2008)
4. D'importantes compensations pourraient être octroyées à l'*université* **laïque**… (*Le Soir*, 2008)
5. Les mots sont logés dans les choses, une *instance* **tierce** se glisse entre nous et les autres… (Alain Finkielkraut)
6. Un homme aux *moustaches* **rousses** vint leur parler. (Rabah Belamri)
7. C'est la plus **méridionale** des *îles* **grecques**. (Jean d'Ormesson)
8. On commence par des *ruminations* **bénignes**, on y prend goût. (Georges Bernanos)
9. Chaque jour, elle dresse un peu plus haut la charge de ses *charpentes* **torses/tortes**. (Paul Valéry)
10. Ses fleurs sont des *églantines* **blanches**. (Francis Jammes)

Exercice n° 11

Niveau ⊕ p. 46

Addition d'une consonne/autres cas

1. La *manière* normande est parfois... un peu – comment dirais-je – un peu **naïve**, un peu **molle**... (Georges Bernanos)
2. La *journée* d'hier a été **longue**, très **longue**. (Michel Tournier)
3. Profitant de la tempête et de sa **nouvelle** *liberté*, Tac allait à la pêche. (Pascal Bruckner)
4. Peut-être à ces *conditions* un peu **folles** pourrais-je vous en parler... (Jean-Louis Trassard)
5. Elle savait combien j'aimais l'*écriture* **concrète** et **cursive**, son *galop* **vivant**, **volubile**. (Patrick Grainville)
6. Les choses ont repris leur *dureté* **coutumière**. (Patrick Modiano)
7. La **vieille** *robe* rose, pour la danseuse de corde. (Henri Troyat)
8. Je *la* crois un peu **folle**. (François Mauriac)
9. Une **petite** *fille* **caractérielle** déguisée aujourd'hui en **vieille** *dame* et que rien ne peut satisfaire... (Francis Dannemark)
10. L'*établissement* **public** et la *société* **fermière** ont saisi une commission d'arbitrage. (*Sud-Ouest*, 2008)
11. La *Banque* **centrale européenne** n'y est pas étrangère, *elle* qui a su se montrer **vigilante**... (*La Libre*, 2008)
12. Au milieu de cette *activité* ralentie et très **ambiguë/ambigüe**... (Julien Gracq)
13. On n'était qu'au tiers d'une **belle** *après-midi* d'été. (Marguerite Yourcenar)
14. Ma **chère** *Alex*, dit-il, je vous en conjure... (Martha Bibesco)
15. Ici, l'*air* est **léger**, l'*ombre* **fraiche/fraîche**. (Jean-Marie Gustave Le Clézio)

Exercice n° 12

Niveau ⊕⊕ p. 47

Addition d'une consonne/autres cas

1. La *guitare* **portugaise** à douze cordes est doublée d'une *guitare* **andalouse traditionnelle**. (*Presse*, 1996)
2. Elle ne savait plus ce qu'était une *maison* **esquimaude**. (Gabrielle Roy)
3. Cela ramenait tout de même un peu le Grand Nord sauvage et lointain dans cette *chambre* **exiguë/exigüe**. (G. Roy)
4. Nous sommes arrivés à une *coalition* **tripartie/tripartite**. (*Presse*, 1996)
5. Un grand vase que surplomberait une *glace* **oblongue**. (Georges Perec)
6. C'est une de ses *bottes* **favorites**. (Théophile Gautier)

7. C'est la **première** *présence* à la grande *classique* **mancelle** d'une voiture équipée d'un moteur rotatif. (*Presse*, 1996)
8. Ô clignement mystérieux, *ombre* **aiguë/aigüe** au coin des paupières… (André Malraux)
9. Gérard s'intéresse à la *littérature* **hébraïque**.
10. *Elle* obéit et se tient **coite**… (Geneviève Dormann)
11. La *formation* **olympienne** part **favorite**. (*Le Figaro*, 2008)
12. Le lendemain, la ponctualité de la Mercedes n'eut d'**égal/égale**… que sa *blancheur*. (Amélie Nothomb)
13. Il ne restait qu'un marasme, une *envie* de pleurer, toute **bêtasse/bêtate**, toute simple. (Patrick Cauvin)
14. Et soudain, un hurlement, une *plainte* **inouïe** s'éleva, déchirant l'*immensité* **calme**. (Georges Simenon)
15. La charlotte se distingue par sa *forme* **oblongue** et l'harmonie de ses saveurs. (*Cuisine et vins*, 2008)

Exercice n° 13

Niveau ✚ p. 48

Les adjectifs en- eur et –teur

1. J'avais soudain le sentiment de sa *présence* massive et **protectrice** au sein de sa minuscule colonie. (Julien Gracq)
2. Une équipée de près de 1500 kilomètres… qui le conduit surtout à faire sa première *découverte* **majeure**. (*Historia*, 2008)
3. Le ton sévère est celui d'une maîtresse d'école qui gronde une *gamine* **menteuse**. (Françoise Chandernagor)
4. Alors qu'il y aurait matière à une *satire* féroce et **vengeresse**, il n'y a jamais de place pour le règlement de comptes. (Alain Finkielkraut)
5. Des créateurs dont le parcours professionnel garantit la compétence aussi bien, voire mieux qu'une *carrière* **antérieure** dans l'enseignement. (*La Libre*, 2009)
6. Pourtant, une *modération* du trafic aérien serait vraiment **porteuse** de substantielles économies en matière de pollution. (*Le Soir*, 2009)
7. La *haie* **protectrice** devenait plus épaisse. (Marcel Pagnol)
8. Mais quel soutien, en particulier, pour une *Union Soviétique* **demandeuse/demanderesse**? (*Presse*, 1996)
9. Nous sommes revenues à la *situation* **antérieure**.
10. Déjà, le médecin continuait, décrivant la **solliciteuse** *attention* qu'il avait de tout temps portée aux hallucinations de ses malades. (Marguerite Yourcenar)

Exercice n° 14

Niveau ⊕⊕ p. 49

Les adjectifs en –eur et -teur

1. C'est surtout pour des problèmes de l'*appareil* **locomoteur** que les gens ont recours à l'acupuncture. (*Test Santé*, 2008)
2. Ces *actions*, parfois fondées, parfois inutilement **querelleuses**, retardent certains projets d'aménagement essentiels pour l'économie ou la mobilité. (*Le Soir*, 2009)
3. Si quelque transgresseur enfreint cette promesse/Qu'il éprouve, grand Dieu, la *fureur* **vengeresse**. (Jean Racine)
4. Les *capacités* de production électrique que le groupe a développées au Moyen-Orient sont désormais **supérieures** à celles qui nous restent en Belgique. (*L'Echo*, 2009)
5. Troublantes *lettres* **salvatrices**. (*La Libre*, 2009)
6. Des *mesures* **correctrices** devront être prises par l'exploitant. (*Le Soir*, 2009)
7. La *substance* **pécheresse** et corrompue de l'homme… (*Le Robert*)
8. D'autres plaçaient dans ces deux sociétés, réputées stables, gérées de *manière* **conservatrice**, leur épargne en vue d'une retraite confortable. (*L'Echo*, 2009)
9. Aucun *terme* ne peut être plus **trompeur** que « rafraîchisseur d'air », puisqu'en utilisant ces produits, on charge l'air plutôt qu'on ne le rafraîchit. (*Test Santé*, 2008)
10. De l'absolu pouvoir vous ignorez l'ivresse/Et de lâches flatteurs la *voix* **enchanteresse**. (Jean Racine)

Exercice n° 15

Niveau ⊕ p. 52

Adjectifs usités à un seul genre.

1. Antoine Blondin aimait peut-être un peu trop la **dive** *bouteille*.
2. Saint-Hilaire est un pays de coteaux, lieu de tendresses, plein de fleurs : cosmos, *roses* **trémières**… (Jean Giono)
3. Le propriétaire de ce centre équestre possède une fameuse *jument* **poulinière**.
4. Tout en parlant, il roulait des *bandes* **molletières** autour de ses grosses jambes. (Jean Cocteau)
5. Sur la *tuile* **faîtière** du mur parut enfin le chat de ferme. (Sidonie Gabrielle Colette)

6. Sa *bouche* resta **bée** un instant. (Franz-Olivier Giesbert)
7. Olivier se dissimula sous le porche d'une *porte* **cochère**. (Robert Sabatier)
8. ...Tandis que la cultivatrice, une jeune femme dodue avec une *fossette* **accorte** de chaque côté des commissures, me servait en souriant. (Muriel Barbery)
9. On eût dit une *rencontre* **fortuite** des voyageurs dans une hôtellerie. (Alphonse de Lamartine)
10. Elle le suivit jusqu'à la *porte* **palière**. (Françoise Giroud)

Exercice n° 16

Niveau ➊ p. 56

Le pluriel.

1. Les *yeux* sont aussi **trompeurs** que la parole. (André Chamson)
2. Poum ! parmi les **tendres** *bégonias* **prêts** à fleurir, et qui ne fleuriront plus... (Sidonie Gabrielle Colette)
3. Le sol est fait de **larges** *carreaux* couleur miel. (Janine Boissard)
4. On ne peut jeter un regard dans ces *ravins* **parallèles** qu'après les avoir outrepassés. (Lucien Briet)
5. Chez cette naine, les *vices* étaient **gigantesques**. (Paul Morand)
6. Ces *dessins* ne sont pas **vendables**. (François Nourissier)
7. Eh bien ! puisque *nous* sommes très **contents**, tous les trois, nous irons au théâtre ce soir. (Marie-Claire Blais)
8. Convaincre les *industriels* **wallons** de partir à la conquête du marché chinois ne va pas de soi. (*Le Vif*, 2008)
9. Les *cheveux* étaient **blonds** et **souples**. (Vercors)
10. Nous disposons de *documents* **sonores** et **visuels**. (Michel Houellebecq)

Exercice n° 17

Niveau ➊➊ p. 57

Le féminin et le pluriel.

1. Alors les *jours* commencèrent à défiler, **monotones**. (Louis Pergaud)
2. Ils se sont arrêtés ainsi dans le champ de **pleine** *campagne* que ferment les *haies* **hautes** et bien **profondes**. (Jean Thibaudeau)
3. Nos *termes* sont **pareils** par leur **courte** *durée*. (Jean de La Fontaine)
4. Nos **moindres** *œuvres* sont comme des objets où nous ne pouvons pas ne pas laisser, **invisible**, la *trace* de nos doigts. (Marguerite Yourcenar)

5. La *peau* **claire** comme lait, les *yeux* **verts** comme l'eau, ils secouaient sur leurs épaules une masse de cheveux du *métal* le plus **fin**… (Michel Tournier)
6. Mes papiers de *La France du Sud-ouest*, M. Lousteau *les* trouvait **supérieurs**. (François Mauriac)
7. Les *bruits* qui voyagent sur l'eau, et qu'elle porte si loin m'ont été **familiers**. (Julien Gracq)
8. Et maintenant, il s'était plongé dans les **froides** *ténèbres*. (Jean d'Ormesson)
9. On l'avait vu pleurer à **chaudes** *larmes* face aux caméras de télévision du *monde* **entier**. (*Le Figaro*, 2008)
10. Si Madame Parisot veut aller en justice, *nous* irons **sereins** et **tranquilles**. (*Le Figaro*, 2008)
11. Ils laissent partout des *lacunes* que je trouve **intolérables**. (Georges Thinès)
12. Les *ingénieurs* de Louis XIV ne seront pas aussi **rapides** que lui, les **premiers** *projets* de fortifications et d'agrandissement sont jugés **insuffisants**. (Jacques Duquesne)
13. Ces symboles sont le signe de *forces* **mûres**. (Antonin Artaud)
14. *Transition* **violente** et apaisée lorsque Bonaparte remplacera le *bonnet* **phrygien** par les *palmes* **consulaires**, puis la *couronne* **impériale**. (Luc Beyer de Ryke)
15. Le latin apporté en Gaule par les *légions* **romaines** avait fini par éclater en de **multiples** *dialectes*. (Jean Lechanteur)
16. Et des *images* **laides**, **atroces**, **sanglantes** de guerres, de meurtres, d'assassinats… (Philippe Claudel)
17. Après ces **torrides** *journées* **espagnoles**, les **illustres** *voyageurs* ont choisi le calme de la région lozérienne. (Jean-Paul Ollivier)
18. Ces Croisés, qui sont devenus les Latins d'Orient, mettent en place les *structures* **féodales** qu'ils connaissaient en Occident. (Alain Demurger)
19. Les *rires* fusèrent de plus belle, **vulgaires**, **monstrueux**. (Vincent Engel)
20. **Conscients** de l'importance des enjeux, mais rompus depuis longtemps à dresser des palmarès, les *courtiers* **girondins** n'ont pas fait le travail par-dessus la jambe. (Bernard Pivot)

Exercice n° 18

Niveau ⊕ p. 61

Règles particulières du pluriel des adjectifs

1. Les *contacts* **primordiaux** sont coupés. (André Breton)
2. Parfois des *chênes* **jumeaux** se disputaient l'air et la lumière. (Franz Hellens)

3. Ils se massèrent en un seul bloc, les flancs soulevés par les *halètements* **colossaux** sur leurs énormes pattes qui tremblaient. (Joseph Kessel)
4. Alors, d'instinct, les deux **grand**/**grands**-*mères* se séparèrent l'une de l'autre. (Antonine Maillet)
5. Des *gribouillages* **initiaux**, elle en était venue à des *formes* plus **douces**, moins **répétitives**. (Patrick Cauvin)
6. Et je crois aux *aérolithes* **mentaux**, à des *cosmogonies* **individuelles**. (Antonin Artaud)
7. Je vais vous montrer dans quel état sont vos **principaux** *organes*. (Jules Romains)
8. Mon arrière-**grand**-*père* et mes **grands**-*oncles* ont péri sur l'échafaud. (François Mauriac)
9. J'ai vu des *archipels* **sidéraux**. (Arthur Rimbaud)
10. Il nous regardait avec des *yeux* **nouveaux**, des yeux d'espoir. (Roland Dubillard)
11. Je me souviens de la douleur terrible, un coup de poignard, que nos **grand**/**grands**-*mères* appelaient angine de poitrine et aujourd'hui les médecins, angor de Prinzmétal. (Jean-François Deniau)
12. Concernant le marché de gros, toujours, mais pour l'électricité cette fois, on constate une **légère** *diminution* du volume total d'énergie consommée par les *clients* **finals**/**finaux**. (*Le Soir*, 2008)
13. Mais c'était une autre époque où les *pouvoirs* **locaux** étaient **moindres**. (*La Libre*, 2008)
14. C'est dans les *pays* **émergents** que se dessine l'avenir des *cimentiers* **hexagonaux**. (*Le Figaro*, 2008)
15. Le problème n'est pas de savoir si les ministres sont de droite ou de gauche, mais qu'*ils* sont **clairs** et **courageux**. (*Le Figaro*, 2008)

Exercice n° 19

Niveau ++ p. 62

Règles particulières du pluriel des adjectifs

1. Jolie, avec des *yeux* **pers**, le corps élancé, la *chevelure* **brune** et **abondante**, *elle* est **vive**, voire agitée, surtout **imprévisible**. (Patrick de Carolis)
2. Les fabricants de *tabous* **nouveaux** ne sont point **anonymes**. (*La Libre*, 2008)
3. De temps en temps, je prendrai sur nos *pas* **égaux** **quelques** *pas* de retard… (Raphaëlle Billetdoux)
4. Nous privilégions les *pays* **fédéraux**. (*Le Soir*, 2008)
5. On le torture, on lui serre les poignets jusqu'à *les* rendre **bleus**. (Max Gallo)

6. Je crois que l'*affaire* est assez **banale** dans la mesure où l'on sait que des gens mettent leur argent dans des *paradis* **fiscaux**. (*Le Figaro*, 2008)
7. Au loin, les grues des *chantiers* **navals** percent le ciel azur tandis que la Tamise serpente vers son destin. (Guillaume Prébois)
8. A dire vrai, les *entretiens* accordés à la presse francophone sont **banals**/**banaux** et ne recèlent rien d'inattendu. (*La Libre*, 2008)
9. Les symphonies de Sibelius, lentement, émergent des *limbes* **boréals**/**boréaux**. (*Presse*, 1996)
10. Nous étions installés au fond de la boutique rouge et chaude, brusquement traversée par de **glacials** *coups* de vent. (Alain-Fournier)
11. Aujourd'hui le gouvernement prenait soin de ses *enfants* **esquimaux**. (Gabrielle Roy)
12. Mes **feus grands**-*parents* **paternels** reposent dans un cimetière près de la frontière franco-belge.
13. Cet historien, spécialiste du Moyen Age, a alors exposé le fonctionnement des *moulins* **banaux**.
14. Pour **banals**/**banaux** qu'*ils* soient, ces **curieux petits** *dialogues*, maintenus après l'ultime séparation, donnent comme un écho de ce que pouvaient être, **tendres** ou **acides**, les *conversations* **quotidiennes**. (Josyane Savigneau)
15. Voyageant sur des *cargos* **navals** pour m'oublier… (Yann Queffélec)

Exercice n° 20

Niveau ➊ p. 69

L'adjectif se rapporte à un seul nom ou à un seul pronom du féminin.

1. Trois d'entre eux ne possédaient plus une **seule** *dent*. (Jean Dutourd)
2. Angélique avait vingt ans et *elle* était très **jolie**, ce qui, contrairement à l'opinion courante, ne *l*'empêchait pas d'être **intelligente**. (Jean Dutourd)
3. Depuis des années, une politique européenne de l'*immigration* **légale** et **illégale** apparaît plus que jamais nécessaire. (*Le Soir*, 2008)
4. S'il faut en garder **vive** la *mémoire*… (Bernard-Henri Lévy)
5. Ma *soeur* **cadette** Mona partira en Algérie. (Jean-François Deniau)
6. L'*avenue* **centrale**, taillée dans le lit d'une rivière disparue depuis l'âge de la pierre, la traversait en coup de vent. (Colette Nys-Mazure)
7. La **dernière** *goutte* d'eau est celle qui fait déborder le vase. (*Proverbe*)
8. Et ma *ville* **natale** est à mon image. (Albert Memmi)
9. *Elle* lui apparut fort **mignonne**. (Eric-Emmanuel Schmitt)
10. Le mot agit, non pas comme une *force* **idéale**, mais comme une *puissance* **obscure**. (Maurice Blanchot)

Exercice n° 21

Niveau ++ p. 69

L'adjectif se rapporte à un nom ou à un pronom du pluriel.

1. Elle a toujours des *yeux* aussi **noirs** et **profonds**, seulement ils ne brillent plus. (Xavier Deutsch)
2. Jusqu'à présent, ces *prescriptions* m'avaient paru **importunes**. (Jacqueline Harpman)
3. Sur le bateau, un haut-parleur diffusait des *chansons* **mièvres**. (Amélie Nothomb)
4. Nous devions attendre debout près d'eux, en *rangs* **parfaits**, **immobiles**. (Philippe Claudel)
5. *Ils* sont **pleins** de confiance en eux. (François Nourissier)
6. **Belles** *consonnes* **altières** et **tranchantes** dans le miroitement des voyelles! (Patrick Grainville)
7. Le concept même de *classiques* **flandriennes** ou **ardennaises** est ambigu. (Philippe Delerm)
8. Les *transports* sont devenus si **chers** que la plupart du temps, aller travailler ne sert qu'à payer le déplacement. (*Le Monde*, 2008)
9. Que les *enfants* soient **mortels**, je l'ignorais, avant. (Marie Darrieussecq)
10. Limiter et contrôler sévèrement l'usage des pesticides et des *engrais* **chimiques**. (*Le Soir*, 2008)

Exercice n° 22

Niveau ++ p. 70

L'adjectif peut prendre le masculin ou le féminin, le singulier ou le pluriel.

1. Cette **vaste** *bibliothèque* en bois blanc mat comporte de **nombreux** *accessoires* **judicieux**… (*Art et Décoration*, 2008)
2. Je l'imagine assez bien, **cette petite** *musique* **gaie** et **malicieuse**. (Jean-Pierre Foucault)
3. Quand ils repartent, elle a sa **belle** *robe* **rose**, ses *sandalettes* **blanches**, et de **jolies** *barrettes* achetées pour l'occasion. (Blandine Le Callet)
4. Ses **grands** *yeux* **clairs** et son *teint* **mat**, sa *voix* **douce** et son *visage* **mutin** font craquer les réalisateurs des deux côtés de l'Atlantique. (*Le Soir*, 2008)
5. Nous avons essayé les téléviseurs dans une *pièce* **obscure** et puis dans une pièce en plein jour. Les *résultats* sont très **différents**. (*Publicité*, 2008)
6. Avec la *profusion* **végétale** du printemps, les *chemins* d'ordinaire **accessibles** sont devenus à présent de **minces** *boyaux* à travers lesquels il faut se faufiler en serrant les épaules. (Eric Fottorino)

7. Longtemps, elle avait cru qu'au bout, il y avait d'**immenses** *chutes*, plus **grandes** encore que celles du Niagara… (Régine Desforges)

8. Je lis. Je pallie les *limites* **dérisoires** de ma **petite** *vie*. (Colette Nys-Masure)

9. Dans ses **rares** *lettres* à Jeanne, elle vilipendait les *dépenses* **excessives** de sa fille, sa liaison avec le duc de Brissac… (Catherine Hermary-Vieille)

10. Les *poutres* **anciennes** du plafond, les *terres* cuites **naturelles** au sol et les *tons* **clairs** qui habillent les murs participent à la douceur de la décoration. (*Art et Décoration*, 2008)

Exercice n° 23

Niveau ⊕⊕ p. 70

L'adjectif peut prendre le masculin ou le féminin, le singulier ou le pluriel.

1. Mourir est mauvais, sinon les *dieux* n'auraient pas choisi d'être **immortels**. (Patrick Besson)

2. Mais elle, au début, elle avait toujours les *mains* **vides**. (Patrick Modiano)

3. Je dois composer avec ce rappel lancinant de la douleur qui forme la *trame* **noire** du monde et sur laquelle s'inscrivent nos *joies* apparemment si **dérisoires**, si **précaires**. (Colette Nys-Mazure)

4. La mise en scène enchaîne *saynètes*, *défilés*, *chorégraphies* et *intermèdes* chantés malheureusement aussi **excentriques** que **maladroits**. (*Le Soir*, 2008)

5. Dans la *tradition* **ancestrale**, lorsqu'un proche dévoyait, il était systématiquement banni de notre communauté. (Yasmina Khadra)

6. Les *dialogues* sont **justes**, bien écrits, les *paroles* **insipides** retranscrites avec un réalisme étonnant. (*La Libre*, 2008)

7. Ce « j'adore » qui est sur toutes les *lèvres* **mondaines** ou **populaires**, **jeunes** ou défraîchies, à propos de n'importe qui, de n'importe quoi… (Marcel Moreau)

8. Maintenant, *elle* devient de plus en plus **lourde** ; lorsqu'elle a travaillé au ménage **toute** la *journée*, ses jambes gonflées n'ont plus la force de marcher. (Madeleine Bourdouxhe)

9. La vue s'étendait loin au-delà des nuages, au-delà des forêts jusqu'à une ligne de *sommets* **abrupts**, **scintillants** dans leurs *neiges* **éternelles**. (Michel Houellebecq)

10. **Grande**, la *pièce* l'était par ses dimensions : trop **haute**, trop **longue** mais trop **étroite**, **inchauffable** en hiver… (Vincent Engel)

Exercice n° 24

Niveau ++ p. 71

L'adjectif peut prendre le masculin ou le féminin, le singulier ou le pluriel.

1. Il eut l'intelligence de laisser filer et, si j'ai **bonne** *mémoire*, ne me sanctionna pas d'une **mauvaise** *note*. (Jean-Pierre Foucault)
2. J'ai des revenus en rapport avec mes qualifications, mes années d'expérience, les **énormes** *investissements* **nécessaires** à la marche du cabinet et le *coût* **exorbitant** des assurances. (Blandine Le Callet)
3. Voilà des *mets* qui sont trop **rébarbatifs**. (Molière)
4. En me choisissant, *Marie* renonçait presque à sa chance et se rendait **suspecte** aux siens. (Albert Memmi)
5. **Puérile** nous semble la *certitude* de certains. (André Chamson)
6. C'était un des **seuls** *indicateurs* **positifs** sur lequel le gouvernement comptait s'appuyer. (*Le Monde*, 2008)
7. Les *professeurs* qui m'ont marqué étaient tous **différents** les uns des autres. (Daniel Pennac)
8. Je dirais qu'ils ont des *qualités* **communes**, qu'*ils* sont **constants**, qu'*ils* ne sont pas **suspects** d'absentéisme... (Daniel Pennac)
9. Moi, j'avais choisi le programme 7, pour *textiles* **délicats**, celui qui assurait la plus **grande** *longévité* à mes chemises... (Didier van Cauwelaert)
10. Des guirlandes en *papier* **multicolore** pendaient, en **lourdes** *accolades*, sous le plafond en *poutres* **brunes**. (Henri Troyat)

Exercice n° 25

Niveau + p. 72

Genre et le nombre du nom ou du pronom ?

1. Ah ! ma pauvre amie, *vous* étiez **souffrante** ? (Marie-Claire Blais)
2. *Vous* vous promènerez tout **seul** et le soir *vous* rentrerez **seul** dans votre hôtel où *vous* vous endormirez **seul**. (Michel Butor)
3. Voyez **quels/quelles** *juges* vous êtes. (Alain René Lesage)
4. Je supplie Votre *Majesté* d'être un peu plus **paternelle**. (André Suarès)
5. *Nous* nous présentions, **graves** et **dignes**, comme il convient à des chefs. (Louis Pergaud)
6. Ca viendra, ne vous agitez pas, restez **tranquille**, mon *vieux*. (Georges Bernanos)
7. Oh ! *madame*, soyez toujours **indulgente**, et **bonne**, et **miséricordieuse** ; vous ne savez pas ! (Guy de Maupassant)
8. Gardez-vous **vivant**, *Monseigneur*. (Maurice Genevoix)

9. Je ne suis pas humilié qu'*on* soit **pauvre/pauvres**... (André Cavanna)
10. Aussi sommes-*nous* **conscients**, devant l'ampleur et la complexité des problèmes soulevés, d'avoir posé beaucoup de questions... (Martin Riegel)

Exercice n° 26

Niveau ✚✚ p. 72

Genre et nombre du pronom

1. Le pianiste Labadie déroulait des *arpèges* **cristallins** en attendant les consommateurs. (Henri Troyat)
2. Ne donnez pas ce perroquet à **cet/cette** *enfant*. (Martha Bibesco)
3. Ces faïences à fleurs qu'ont les **bonnes** *gens* dans les villages. (Pierre Loti)
4. Bientôt, nous plongerons dans les **froides** *ténèbres*. (Charles Baudelaire)
5. Si je sors de mon trou, pour passer chez quelque *gent* **voisine**... (C. J. Lamoral)
6. Les cloches de la ville sonnèrent, à la volée, pendant **toute** l'*après-midi*. (Albert Camus)
7. Il faudra s'initier à des *arcanes* **byzantins**. (*Presse*, 1996)
8. Lazare n'était devant moi qu'un oiseau de **mauvais** *augure*. (Georges Bataille)
9. Sur mon harmonica jouant les **grandes** *orgues*... (Georges Brassens)
10. Se hâtant de saisir à table les *délices* **fugitives** d'un repas que le départ va interrompre. (Alphonse de Lamartine)

Exercice n° 27

Niveau ✚ p. 74

À quel mot se rapporte l'adjectif?

1. C'est le *cadet* des Roy, **muet**, **noir**, **ruisselant**, **farouche**. (Isabelle Rivière)
2. Il galope dans le sentier, sa *cliente* est sur ses talons, **souriante**. (Louis Lachenal)
3. A qui veut l'entendre, elle répète des airs d'*opéra* **italien** ou des mélodies à la mode. (Pierre-Jean Rémy)
4. La disparition des *sacs* en plastique **jetables** aux caisses des supermarchés n'a pas fait que perturber certains clients. (*Le Soir*, 2008)
5. Elle trouvait *tout ce qu'*il faisait – ses articles, ses rapports – un peu **brouillon**, mal dégrossi. (François Nourissier)
6. Elle fit du pouce à la hâte le *signe* de croix **familier** à ses compatriotes... (Prosper Mérimée)

7. Les toits de tuiles modernes sont d'un rouge brutal ; les *toits* de zinc, **déplaisants**. (Jules Destrée)
8. Une *boîte* de sardines **entr'ouverte**. (Benjamin Péret)
9. Il s'en fut un jour lui pêcher un poisson de *chair* **délicate**. (Gabrielle Roy)
10. Il culbuta la boîte de *biscuits* **secs**. (Jean Cocteau)

Exercice n° 28

Niveau ●● p. 74

À quel mot se rapporte l'adjectif ?

1. Nous passerons sur des *arcs* de roc **grands** et **minces** comme des arcs-en-ciel. (Réjean Ducharme)
2. Des caisses d'*œufs* **frais** et du beurre de ferme. (Gabrielle Roy)
3. Le père Rouault, un *chapeau* de soie **neuf** sur la tête… (Gustave Flaubert)
4. Deux **fines** *tranches* de *jambon* **cru** et fumé, **soyeuses** et **mouvantes** dans leurs replis alanguis… (Muriel Barbery)
5. Les éléphants faisaient crouler des masses de *terre* **grise** sous leurs larges pieds. (Michel Tournier)
6. Elle avait un *sourire* de *pitié* **méprisant/méprisante**. (Romain Rolland)
7. Un trésor de *monnaies* d'or **gauloises**. (*Presse*, 1996)
8. Il y avait douze canons d'*acier* **bleu** et **froid**. (Boris Vian)
9. Les *feux* d'herbe sont **lents**. (Jean Tortel)
10. *Il* est comme tous les *enfants* **forts** et bien **portants**, très **léger** et **violent** dans ses colères. (Louis Hastier)

Exercice n° 29

Niveau ● p. 78

Plusieurs adjectifs qui se rapportent à un seul nom

1. D'autres fois, je rejette ces *motivations*. Je *les* juge **vaines**, **présomptueuses**. (Andrée Chedid)
2. Elle envoya chercher un de ces *gâteaux* **courts** et **dodus** appelés Petites Madeleines… (Marcel Proust)
3. Plus **profondes** et plus **boueuses** encore, les *fondrières* ne les arrêteraient plus. (Maurice Genevoix)
4. Des *garnements* **confus** couraient, **cruels** et **sourds**. (René Char)
5. Il portait une *veste* trop **longue** pour lui, un pantalon de toile et de **grosses** *chaussures* **militaires**. (Patrick Modiano)
6. *Jeanne*, sois **bonne** et **sage** *enfant*, va souvent à l'église. (Jean Anouilh)

7. Ils ne souffrent *rien* de **distinctif** ni d'**original**. (Anatole France)
8. *Elle* le regarda, **tremblante**, **fière**, **pâle**. (Henri Gougaud)
9. **Froides** d'abord, les *eaux* lui parurent **tièdes** quand il remonta. (Albert Camus)
10. Et les *robes* **rousses**, **brunes**, toutes les *nuances* **fauves** et **blondes**… (Patrick Grainville)

Exercice n° 30

Niveau ⊕⊕ p. 78

Plusieurs adjectifs qui se rapportent à un seul nom

1. Il s'agit, plus réellement, de mes deux *familles*, **paternelle** et **maternelle**. (Léopold Sédar Senghor)
2. La **diplomatie européenne**, les yeux fixés sur les *familles* **royales française**, **anglaise**, **autrichienne**, fait fonds sur le terrain très humainement affectif des cousinages et des noces… (Marc Fumaroli)
3. Cette progression constitue une rupture par rapport aux *décennies* **précédentes** qui avaient vu le développement des *migrations* **marocaine** et **turque**. (*Le Soir*, 2008)
4. Les représentants des *fédérations* **anglaise**, **écossaise**, **galloise**, **nord-irlandaise** disposent chacune d'une voix. (*Le Figaro*, 2008)
5. A mon sens, il y a ici deux êtres qui vivent selon leur *nature*, **bonne** ou **mauvaise**… (Georges Bernanos)
6. Deux *éditions*, **française** et **allemande**, existeront désormais, parallèlement. (P. Delorme)
7. Si **considérables** en effet que soient les *formes* **animale** ou **humaine** représentées au début, elles partent en fragments… (Henri Michaux)
8. C'est Platon qui a fait de la philosophie une science et un art en même temps : une symbiose des deux *raisons* **intuitive** et **discursive**. (Léopold Sédar Senghor)
9. Après les mises en garde, des normes ont été édictées en *Régions* **wallonne** et **bruxelloise**. (*Le Soir*, 2008)
10. Le corps de la patrie offre en son centre un château fort, âpre massif de vieilles montagnes, flanqué de *plateaux*, **languedocien**, **limousin**, **bourguignon**. (Charles de Gaulle).

Exercice n° 31

Niveau ⊕ p. 79

Autres cas particuliers

1. *Elle* avait l'air, lorsqu'elle traversait le pont des Sardines pour se rendre dans les magasins de la rue des Loges, de sortir, toute **proprette**, du château du baron. (Michel Ragon)
2. Victor et Charlotte, il faudra prendre le moins de *vêtements* **possible**.
3. Il y avait *quelque chose* d'**étouffant** dans cette accumulation d'objets somptueux en un si petit espace. (Jeanne Bourin)
4. *On* semble heureusement peu **enclin/enclins** à bloquer les écoles. (*Presse*, 1996)
5. *Tout ce qui* se passe d'**important** au printemps a lieu dans les environs. (*Presse*, 1996)
6. *Elle* plaignait parfois son mari, trop **intelligente** pour ne pas comprendre qu'il souffrait. (François Mauriac)
7. A quoi **bon** toutes ces interventions ?
8. Je *nous* savais **forts**, mais là, on est vraiment monté en puissance au bon moment. (*Le Soir*, 2008)
9. Ils avaient pénétré sous le couvert des *pins* que le voisinage de la rivière rend **énormes**. (François Mauriac)
10. Ils ont *quelque chose* de **douloureux** et de **vivant**. (Jules Destrée)
11. *Personne* n'est plus **sournois** qu'un pirate. (Erik Orsenna)
12. A deux, *on* est plus **fort/forts**. (*Publicité*)
13. Marie nous regardait. Tout à coup, son visage pâlit et elle eut l'*air* **inquiet**.
14. Demeurer **inactif** était un supplice pour *Hassan*. (Rabah Belamri)
15. *Rien* de plus **harmonieux** que son geste, de plus **musical** que sa voix. (André Gide)

Exercice n° 32

Niveau ⊕⊕ p. 80

Autres cas particuliers

1. C'est qu'il se sait de plus en plus que, pour être **publiques**, ces *cérémonies* d'accueil n'ont *rien* de **mondain**. (*Presse*, 1996)
2. Comme quand *on* était **petit/petits**, côte à côte, en classe avec notre ardoise et notre craie ! (Pascal Quignard)
3. *Qu'il y ait de la pluie* ne serait pas fort **étonnant**.
4. **Inquiétant** : *les recettes de l'Etat n'augmentent plus*. (*Presse*, 1996)

5. Ces **petites** *lumières*, faites sentir *ce qu'*elles ont de **joli**. (Simone de Beauvoir)

6. **Rebutant**, **dégoûtant**, **répugnant**! Les adjectifs ne manquent pas pour exprimer à quel point *la blatte des cuisines – connue aussi sous le nom de cafard – inspire de la répulsion*. (*Presse*, 1996)

7. *Bernadette*, nous savons que *vous* êtes **matinale**.

8. *On* est tous **responsable/responsables** et nous portons une culpabilité tant sur le *plan* **moral** que **politique**. (Jean-Marie Gustave Le Clézio)

9. Il entame une série d'audiences « de crise » qui s'apparentent de prime abord à une promenade de santé, même s'*il* n'est pas des plus **fringants**. (*Le Soir*, 2008)

10. Dans ce livre, *il n'y a* d'**intéressant** que les notes en bas de page.

11. Peut-être ai-je pressenti vaguement *ce qu'*avait d'**auguste** et de **rédempteur** la souffrance. (André Gide)

12. La mère est *ce qu'*il y a de **patient** et de **fidèle**. (Paul Claudel)

13. Tant d'*hommes* commencent à mourir si **jeunes**, même s'*ils* ont l'air **vivants**. (Jean-François Deniau)

14. Elle eût compris *ce qu'*avait de **court** une fidélité sans combat. (François Nourissier)

15. Parmi toutes les pièces, *il n'y a* que la bibliothèque de **plaisant**.

Exercice n° 33

Niveau ⊕ p. 83

L'adjectif qui se rapporte à plusieurs noms

1. Ils montrèrent un courage, une *bravoure* **surprenante**.

2. Mais recommencer cette vie, au commencement, on n'a plus le courage et la *force* **physique**. (Romain Rolland)

3. Soupçonnent-ils ma tendresse, mon *errance* **profonde**? (Daniel Boulanger)

4. **Seules** la *distance*, l'*absence* ou la *réserve* peuvent en réduire les *effets* **destructeurs** ou **déstabilisants**. (Edwy Plenel)

5. J'ai rarement attendu avec une *impatience* et une *incertitude* aussi **intense/intenses**. (Julien Gracq)

Exercice n° 34

Niveau ⊕⊕ p. 83

L'adjectif qui se rapporte à plusieurs noms

1. L'*humanité* et la *simplicité* de ces gens sont très **fortes**. (Suzanne Julliard)

2. Un virtuose s'y entraîne, un blond très élancé, vêtu, tel un gymnaste, d'un *maillot* et d'un *pantalon* **blanc/blancs**. (Claude Ollier)
3. La *mort*, la *trahison*, le *désespoir* sont là, tout **prêts**. (Jean Anouilh)
4. La *tulipe*, comme la jacinthe, si **décorative** dans nos jardins, s'épanouit au printemps.
5. Des chants d'*initiation* et de *sorcellerie* **africaine/africaines** ont donné naissance au jazz. (Driss Chraïbi)

Exercice n° 35

Niveau ⊕ p. 86

Les adjectifs composés

1. C'était le chef d'un groupe de *mendiants* **sourds-muets**. (*Presse*, 1996)
2. Les Français Bourguignon et Claveyrolat font partie des *coureurs* **francs-tireurs**. (*Presse*, 1996)
3. Voici la formation condamnée à battre les *voisins* **grand-ducaux**. (*Presse*, 1996)
4. Je remarquai un carter qui glissait, porté par un rail aérien, s'arrêtait, descendait, à la rencontre de quatre *têtes* **électro-magnétiques**. (Henri Troyat)
5. O musique de la *voix* **bien-aimée**! (Jean Tardieu)

Exercice n° 36

Niveau ⊕⊕ p. 87

Les adjectifs composes

1. S'arracheront-ils enfin à cette *distraction* **toute-puissante**? (François Nourissier)
2. Ses habitudes et ses itinéraires étaient déjà fixés et s'imposaient irrésistiblement aux *promeneurs* **nouveaux venus**. (François Nourissier)
3. Les *oiseaux* **nouveau-nés** gazouillent tout joyeux. (Victor Hugo)
4. C'est ici qu'est située la frontière entre les *plaques* **eurasienne** et **nord-américaine**. (*La Libre*, 2008)
5. Les *régions* **bas/basses normandes** me sont chères.

Exercice n° 37

Niveau ⊕ p. 90

Les mots désignant la couleur

1. Des bocaux de *faïence* **bleue**, rangés sur des rayons, portaient des inscriptions en lettres d'or… (Emile Moselly)

2. Que de *sourires* **rouges** sur les *miroirs* **roses** ou **peau de pêche** des **belles** *Parisiennes* ! (Robert Sabatier)
3. Elle se pencha pour compter les étages de *stores* **orange**. (Camille Lemonnier)
4. M. Morin avait la face pleine et de grosses lèvres dont les coins retroussés rejoignaient des *favoris* **poivre et sel**. (Anatole France)
5. Au moment de monter dans le chariot aux *rideaux* **rouge et or**… (Patrick de Carolis)
6. La nappe était mise, une grande nappe à *carreaux* **bleu et blanc**/**bleus et blancs**. (Camille Lemonnier)
7. En quelques instants, la *conque* **obscure** par-delà l'orifice fut transformée en une galerie d'*astres* **vermillon** semés les uns contre les autres. (Haroun Tazieff)
8. Les sièges étaient de cuir de *nuance* **tabac**, comme le tapis. (Francis Carco)
9. Les *silhouettes* **gris sauterelle** continuaient à cheminer sans se presser. (Jules Romains)
10. Le vacherin n'est jamais aussi bon qu'en plein hiver, quand les *vaches* **montbéliardes** et **pie rouge** de l'Est sont nourries au foin. (*Cuisine et vins*)
11. Il a fini de lire, est parti ranger soigneusement le grand livre cartonné, orné de *fleurs* **mauves**. (Albert Memmi)
12. Celui-ci et Madeleine, dont la *robe* **fuchsia** illuminait les *murs* **grisâtres**, se tenaient par la main. (Andrée Chedid)
13. Pour comble de misère, on les affuble de *maillots* **marron** sur lesquels des *lignes* **blanches** figurent une musculature ou de vagues cuirasses. (Robert Kemp)
14. À l'heure où commencent à se gercer les *doigts* **roses** de l'aurore… (Raymond Queneau)
15. Coiffée à la mode, elle se mettait un soupçon de rouge, soulignant ses **admirables** *yeux* **pervench**e. (Catherine Hermary-Vieille)

Exercice n° 38

Niveau ⊕⊕ p. 91

Les mots qui designent la couleur

1. *Masque* **noir**, *masque* **rouge**, vous, masques **blanc et noir**/**blancs et noirs**. (Léopold Sédar Senghor)
2. Elle voyait aussitôt les *dalles* **noir et blanc**/**noires et blanches** du vestibule… (Georges Bernanos)
3. Aux yeux brillants avec d'abondants *cheveux* **noir jais**. (Gabrielle Roy)

Corrigés

4. Les cous sans tête des moutons écorchés dépassaient des toiles et les *blouses* rayées **bleu et blanc** des bouchers éclataient de propreté. (Georges Bataille)
5. Vêtu d'une *robe* **jaune et blanc**, elle avait les bras croisés sur sa poitrine. (Jeanne Champion)
6. Les *rideaux* **bleu et blanc**, autour du lit, formaient un nuage clair dans la petite pièce obscure… (Jacques Chardonne)
7. Ils se distribuaient à la main des chapelets de *saucisses* **blanches**, **rouges** ou **marron**, grillées à l'entrée. (Raphaëlle Billetdoux)
8. Elle continue pendant de **longues** *minutes* à renvoyer des *éclairs* **gris de zinc**. (Georges Thinès)
9. Et l'Iman qui égrenait son chapelet et me fixait de ses petits *yeux* plissés **bleu vert**. (Mustapha Tlili)
10. Une tignasse de *cheveux* frisés, **poivre et sel**. (Rachid Boudjedra)
11. Gaspar admira longuement le *cheval* **pie** dont les *taches* **blanc et noir**/ **blanches et noires** luisaient dans la lumière du matin. (André Dhôtel)
12. Et bientôt en vue, la maison elle-même. À la russe, en bois, une datcha *couleur* **vert d'eau**. (Mohammed Dib)
13. La *photo* **noir et blanc** offre une incomparable richesse sur le plan créatif. (*Presse*, 1996)
14. J'avais toujours mes *cheveux* **châtain clair** et une *robe* **blanche**. (Jacqueline Harpman)
15. Cheveux attachés avec un élastique, chaussures à *talons* **plats**, *vêtements* **larges**, **amples**, aux *couleurs* **pastel**. (Michel Onfray)

Exercice n° 39

Niveau ❶ p. 94

Adjectifs ou adverbes ?

1. La *rivière* est **pleine** de truites. (Jules Vallès)
2. Légère et **court** vêtue, elle allait à grands pas. (Jean de La Fontaine)
3. Vous m'appellerez à onze heures **juste**. (Louis Pergaud)
4. Il en a tout de suite **plein** les yeux. (Jean Giono)
5. Des écolos allant **nu**-*pieds*, de **vieilles** *Anglaises* de Madère drapées dans leurs préjugés… (Alexandre Jardin)

Exercice n° 40

Niveau ⊕⊕ p. 94

Adjectifs ou adverbes ?

1. Le soir, un client de bonne volonté lui prêtait *main* **forte** pour replier les parasols. (Angelo Rinaldi)
2. Catherine Kapfer, proviseure au lycée Louis-Blériot d'Etampes (Essonne) en 2005 paraît **droit** dans ses bottes. (*Le Monde*, 2008)
3. Elle leva les yeux vers la Madone… Elle lui parla **d'égal à égal**/**égale à égale**, comme à son image dans le miroir. (Romain Rolland)
4. En tuant ses **dernières** *naïvetés*, Charles pourrait peut-être l'aider à y voir plus **clair** en elle-même. (Catherine Hermary-Vieille)
5. Imaginons un homme dont la *fortune* n'aurait **d'égal**/**égale** que l'indifférence à ce que la fortune permet généralement… (Georges Perec)

Exercice n° 41

Niveau ⊕ p. 97

Adjectifs empruntés ou occasionnels

1. L'électricien finit par abandonner ses *velléités* **hydroélectriques** dans la caverne. (*Le Soir*, 2008)
2. Vu leur grande taille, ils ne peuvent accepter des *lits* **standard**/**standards**.
3. Elles ont une préférence pour les *chats* **angora**.
4. Des *spectacles* **audio-visuels** ont été organisés.
5. Les politiques linguistiques sont donc le moyen, pour les *entités* **infra-étatiques** et **supra-étatiques** de contrecarrer la dérive naturelle du « marché »… (*Le Monde*, 2008)
6. Il est vrai que la plupart des gens restent **debout** dans l'ascenseur. (Emile Ajar)
7. Jamais de questions d'argent. Sinon pour apprendre que ceux qui en avaient beaucoup étaient difficilement des *gens* **bien**. (Jean-François Deniau)
8. Les *pneus* **avan**t éclatent, cependant que les *roues* **arrière** tournent dans le vide. (Hervé Bazin)
9. Dès que les **avant**-*gardes* eurent pris contact… (Louis Pergaud)
10. Les mots rares et savants, les *digressions* **impromptues**, les redondances alambiquées, l'utilisation des termes les plus longs… (Lancelot)

Exercice n° 42

Niveau ✪✪ p. 98

Adjectifs empruntés ou occasionnels

1. Une *cérémonie* en principe **bon enfant**. (*Presse*, 1996)
2. Elle portait des bottes à mi-cuisses et une **mini** *jupe* en quelque chose. (Emile Ajar)
3. La veille, j'avais lu sa *lettre* un peu **gnangnan**. (Yann Queffélec.)
4. Ce comique troupier interprète des *chansons* **rigolotes**.
5. C'était un *officier* de la guerre 14-18, très **collet monté**, un peu comme les aspirants cavaliers à képi (bleu ciel). (Jean Ferniot)
6. Mais sur ces rives ont déferlé des *conquérants* **arabes** et **moghol/moghols**, porteurs d'une civilisation originale. (*Presse*, 1996)
7. Mais elle baissait la tête à présent, torturant les brins d'herbe qui n'avaient pourtant rien à voir avec ces *histoires* **cascher**. (Vincent Engel)
8. Beaucoup de *sites* **maya/mayas** n'ont pas encore été fouillés.
9. Cet ethnologue s'intéresse aux *tribus* **bochiman/bochimans**.
10. Situation très tendue pour les *nomades* **touareg/touaregs**. (*Presse*, 1996)

Exercice n° 43

Niveau ✪ p. 99

Demi, semi et mi

1. L'horloge, dans son coffre en bois de merisier, sonnait les heures et les **demi**-*heures*. (Michel Ragon)
2. A lire à **mi**-*voix*, il dérange les voisins qui ne comprennent pas ce murmure. (Suzanne Julliard)
3. C'était une question de secondes, de **demi**-*secondes*. (Jules Romains)
4. Dans la salle de cirque, on se dispersa, cherchant une bonne place à travers les banquettes **mi**-circulaires étagées en gradins. (Jules Laforgue)
5. Je voyais, entre les lèvres **mi**-jointes, briller une dent d'or. (Vercors)
6. Cette **semi**-*liberté*, entourée d'une blancheur trop cruelle pour nos yeux, ne faisait qu'accentuer mon trouble. (Tahar Ben Jelloun)
7. Je t'accorde une **demi**-*heure* de sursis. (Tristan Derême)
8. J'ai quarante-cinq ans et cet enfant a occupé quatre *ans* et **demi** de ma vie, plus neuf mois. (Marie Darrieussecq)
9. Commençons par un **demi**-*chèvre* de Provence. (*Presse*, 1996)
10. Elle chantait à bouche **mi**-close… (Maurice Genevoix)

Exercice n° 44

Niveau ⊕⊕ p. 100

Demi, semi et mi

1. Il y a par exemple des passages extraordinaires où l'on se rend compte que la mère, **à demi** sourde et muette, n'a quasiment plus aucun souvenir de l'homme qui était son mari… (Bertrand Visage)
2. Il n'avait plus rien à demander sauf un délai d'une **demi**-*minute*. (Jean-Paul Sartre)
3. Les chats, **à demi** rôtis, s'enfuyaient. (Maurice Fombeure)
4. Nous nous tînmes dans l'obscurité derrière la porte **à demi** ouverte. (Sidonie Gabrielle Colette)
5. Deux mots en **demi**-*teinte*, la voix comme dans l'expectative… (M. Leins)
6. Neuf *heures* et **demie** me conviendrait. (Eric-Emmanuel Schmitt)
7. Dans le domaine des **semi**-*conducteurs*, le groupe allemand a choisi de s'allier. (*Presse*, 1996)
8. Les aiguilles indiquaient pour toujours cinq *heures* et **demie**. (Patrick Modiano)
9. La paupière **à demi** close, il dégustait son péché par petits coups. (Alphonse Daudet)
10. Mais on dit que ce qui se ressemble s'assemble et je ne suis qu'**à demi** étonnée. (Françoise Chandernagor)

Exercice n° 45

Niveau ⊕ p. 103

Quel, quelque, quel que, quelque… que

1. La cour semblait **quelque** *salle* géante éclairée par ce feu. (Henri Pourrat)
2. **Quelle** qu'en soit la *raison*, on tient là un troisième événement. (Bernard-Henri Lévy)
3. D'ailleurs tu sais **quelle** est ma *confiance* en toi. (Georges Bernanos)
4. Il n'y voit pas à un mètre devant lui et ignore sur **quelle** *fleur* non recensée par les botanistes ou **quel** *animal* disparu depuis la préhistoire il va tomber. (Jean Dutourd)
5. **Quel** était donc le *mystère* de cette navigation sous- marine ? (Jules Verne)
6. Tout y est à longues échéances, **quelque** pressant que soit le besoin. (Joseph de Pesquidoux)
7. Or donc, depuis **quelque** trente ans s'est levée une pléiade de préhistoriens. (Léopold Sédar Senghor)

8. De façon générale, Joseph supportait d'ailleurs de moins en moins les discussions, **quel** qu'en fût le *sujet*, et son assiduité au conseil faiblissait. (Vincent Engel)

9. Madame d'Aubigné avait quitté la capitale et s'était installée à Archiac en Saintonge où elle avait encore **quelque** *famille*. (Françoise Chandernagor)

10. L'hiver arriva avec une abondante chute de neige **quelques** *jours* avant Noël. (Vincent Engel)

Exercice n° 46

Niveau ✚✚ p. 103

Quel, quelque, quel que, quelque… que

1. Les Gaulois, d'ailleurs plus forts en nombre, montrèrent plus de hardiesse que les Romains, **quelque** déterminés qu'ils fussent. (Jacques Bénigne Bossuet)

2. Ces princes, **quels** qu'*ils* soient, d'ancienne ou de nouvelle noblesse, nous ne les voyons guère. (Paul-Louis Courier)

3. **Quelques** *titres* honteux qu'en tous lieux on lui donne/Son misérable honneur ne voit pour lui personne. (Molière)

4. Professeurs, **quelques** *disciplines* que nous enseignions, nous ne cessons jamais de plaider la même cause, celle de l'humanité. (Jean Guéhenno)

5. **Quelque** méchants que soient les hommes, ils n'oseraient paraître ennemis de la vertu. (François de La Rochefoucauld)

6. Voilà, en effet, **quelles** sont, pour la France, les *conditions* nécessaires de l'équilibre général, du progrès de tous et de la paix dans l'univers. (Charles de Gaulle)

7. **Quelle** *activité* est plus **muette** que le rêve ? (Erik Orsenna)

8. **Quelques** grands *avantages* que la nature donne, ce n'est pas elle seule, mais la fortune avec elle qui fait les héros. (François de La Rochefoucauld)

9. **Quels** que soient les *dons* que montrent les premiers essais auxquels il s'arrête, et **quelle** que soit la *forme* de son apprentissage, il sait pourtant qu'il commence un voyage vers un pays inconnu. (André Malraux)

10. Doit-on même en arriver à cette conclusion hardie que **quelles** que soient la *profession* des citoyens et la *ville* qu'ils habitent, ils ont toujours droit à la vérité ? (Bernard Pivot)

Exercice n° 47

Niveau ✚ p. 107

Tout

1. Je me faisais un bonheur d'accomplir ainsi **tout** son *ouvrage*… (Françoise Chandernagor)

2. Les insurgés, **tout** à l'attaque imminente, tournaient le dos. (Victor Hugo)
3. J'étais le seul garçon dans cette ronde, où j'avais amené ma compagne **tout** jeune encore… (Gérard de Nerval)
4. *Elle*, *elle* était **toute** à s'expliquer, pour qu'il ne la crût pas déraisonnée. (Henri Pourrat)
5. **Tous** les *arbres* de la forêt étaient autour de toi. (Henri Gougaud)
6. Et voici l'aventure de cet homme qu'on avait sue **tout** entière par un palefrenier, son camarade. (Guy de Maupassant)
7. **Tout** s'est passé néanmoins comme si je n'avais débité que des contes de fées. (Jean Dutourd)
8. Il y avait **toute** l'*Afrique*, **toutes** ces *choses* courantes en Afrique et qui étonnent fort l'Europe. (Camara Laye)
9. De **toute** *manière*, il faudrait que nous nous décidions. (Emmanuel Roblès)
10. Le **tout** fort propre et assez commode, en dépit de l'étroitesse des lieux… (Françoise Chandernagor)

Exercice n° 48

Niveau ✪✪ p. 108

Tout

1. La chienne Poucette, *elle* est **tout**/**toute** *orgueil*. (Sidonie Gabrielle Colette)
2. Une vague de corneilles noircit le ciel puis disparut **tout** entière dans le roc. (Jean Tousseul)
3. Des pieds à la tête, nous étions **tout** fruit, mais fruit meurtri, à l'odeur déjà pourrissante… (Pierre Gascar)
4. …Ne pensez qu'à vous, la règle d'or étant que l'attention de **tous** soit sans cesse sur vous, mon cher cœur. (Catherine Hermary-Vieille)
5. Vous avez préféré à **toute** autre *contrée* les rives de l'Euphrate. (Jean de La Bruyère)
6. Rome n'est plus dans Rome, *elle* est **toute** où je suis. (Pierre Corneille)
7. La forêt est **toute** noire comme une chaîne de montagnes. (Charles Ferdinand Ramuz)
8. La littérature est décidément **toute**-puissante. (Alain Finkielkraut)
9. Elle me paraissait **tout**/**toute** *âme* et, de corps, **tout**/**toute** *fragilité*… (André Gide)
10. Il l'eût souhaitée **tout** autre en ce moment, joyeuse et forte. (Jacques Chardonne)

Exercice n° 49

Niveau ➊ p. 110

Même

1. Elle est la *poésie* et la *fantaisie* **mêmes**. (Marie Cardinal)
1. *Ceux-là* **même/mêmes** qui ont cru ne devoir leurs ouvrages qu'à leur désir et à leurs vertus. (Michel Butor)
2. La force qui vous a été départie, votre *adresse* **même** à certains travaux manuels, c'était là sans doute le signe d'une vocation moins haute, où la Providence vous appelait. (Jacques Chardonne)
3. Les chiens tournaient sur *eux*-**mêmes** comme des fous. (Alphonse Daudet)
4. Nous méprisons beaucoup de choses pour ne pas nous mépriser *nous*-**mêmes**. (Vauvenargues)

Exercice n° 50

Niveau ➊➊ p. 110

Même

1. Ces *mots* **même/mêmes** n'ont de sens pour moi que parce que je sais bien autre chose. (Michel Butor)
2. L'instinct de la nature, l'inspiration naïve du génie de la contrée, leur fit souvent choisir pour théâtre de ces fêtes les *lieux* **même/mêmes** qu'avaient préférés nos vieux Gaulois, les druides. (Jules Michelet)
3. Nous ne savons pas s'il s'agit des **mêmes**, interrompit Agnès. (Vincent Engel)
4. Nous avions appris dans l'*Émile* et les *Rêveries*, que le malheur était fils de l'esprit urbain et, peut-être, des *livres* **même/mêmes**. (Bernard-Henri Lévy)
5. Certains, je les connaissais : ils ne savaient **même** pas lire. (Erik Orsenna)

Exercice n° 51

Niveau ➊ p. 111

Tel

1. Je ne saurais dire si le musicien qui jouait du biniou s'en acquittait avec talent, mais il en jouait du moins avec une *violence* **telle**. (Eugène Fromentin)
2. Notre pays, **tel** qu'*il* est, parmi les autres **tels** qu'*ils* sont, doit viser haut et se tenir droit. (Charles de Gaulle)
3. Mon *amour* pour elle était **tel** que, lorsque quelques mois plus tard, je sortis de ce couvent, je pensai mourir de chagrin… (Françoise Chandernagor)

Corrigés

4. Sylvain arpente les lieux, interroge les objets, **telle** *barrière* versée, **telle** *porte* béante, **tel** *outil* pourrissant dans les hautes herbes. (Bernard Tirtiaux)
5. **Telle** fut, en ce siècle, la grande *leçon* portugaise. (Bernard-Henri Lévy)

Exercice n° 52

Niveau ⊕⊕ p. 112

Tel

1. Quand projetait-elle hors de ses livres son *regard*, **tel/telle** la *lumière* d'une lampe ? (Marie-Claire Blais)
2. A chaque coup, je gagne, c'est là ma *destinée*, **telle** que les chiffres l'écrivent dans le ciel. (Raymond Queneau)
3. Les deux vasques sont pareilles, l'une devant l'autre, **telle** une grosse *main* d'homme à côté d'une main d'enfant ouverte. (André Suarès)
4. Dans la tragédie, je veux représenter toujours la *destinée* et l'*homme* **tels** que je les conçois. (Alfred de Vigny)
5. Seuls, les grands *blés* mûris, **tels/telle** qu'une *mer* dorée/Se déroulent au loin, dédaigneux du sommeil… (Charles Marie Leconte de Lisle)

Exercice n° 53

Niveau ⊕ p. 113

Les numéraux

1. **Mille** *oiseaux* qui s'enfuient n'en font pas un qui se pose… (Jules Supervielle.)
2. Je rencontre **quinze** *Orson Welles* par jour, **vingt-cinq** futurs *Gabin*, **cinquante** actuelles *Garbo*… (Patrick Cauvin.)
3. Une hirondelle se laisserait plutôt mourir que de renoncer à aucun des **quatre** *vents*. (Réjean Ducharme)
4. Au texte intégral de la tragédie en **quinze** *pages* s'ajoutent **vingt** *pages* d'éclaircissements. (*Lire*, 2008.)
5. **Vingt** *fois* j'ai fait pâlir mes bourreaux. (Olivier Blanc.)

Exercice n° 54

Niveau ⊕⊕ p. 114

Les numéraux

1. Prenez votre livre à la *page* **deux cent**.
2. Pour en finir avec les *années* **quatre-vingt**. (Marie-Odile Briet)
3. Sur certaines étapes, **trois ou quatre cent** *flèches* sont volées avant le passage du peloton. (Guillaume Prébois)

4. Nous arpentons ce vestibule sur une distance de **deux cents** *mètres*. (Norbert Casteret)

5. Le louis d'or valait **trois mille neuf cent cinquante** *francs*. (Victor Hugo)

Exercice n° 55

Niveau ⊕ p. 116

Exercice de révision (pour s'évaluer avant l'étude de la matière)

1. Les danses tournoyaient en *cercles* **capricieux** sous les *bougies* **pâlissantes**, les fleurs mouraient dans l'*air* **rare** et fatigué, les sons de l'orchestre venaient s'éteindre sous la voûte de marbre, et dans la **chaude** *vapeur* du bal passaient et repassaient de **pâles** *figures* **tristes** et **belles** sous leurs habits de fête ; mais au-dessus de ce *tableau* **riche** et **vaste**, au-dessus de ces *tons* **éclatants** adoucis par la vague de la profondeur et le poids de l'atmosphère, au-dessus des *masques* **bizarres**, des *parures* **étincelantes**, des **frais** *quadrilles* et des groupes de *femmes* **jeunes** et **rieuses**, au-dessus du mouvement et du bruit, au-dessus de tout, s'élevait la **grande** *figure* isolée de Lélia. (George Sand)

2. J'achetai donc des *chameaux* **montagnards** du Tibesti – **noirs**, frisés, **infatigables**- des porteurs de Batha- **énormes**, **lourds**, au *poil* **ras** et **beige**, **inutilisables** en montagne à cause de leur maladresse, mais **insensibles** aux moustiques, aux mouches et aux taons – et, bien entendu, de **fins** et **rapides** *coursiers* couleur de lune, ces *méharis* **légers** comme des gazelles, montés sur des *selles* **écarlates...** (Michel Tournier)

3. ... Je revois une *enfant* **silencieuse** que le printemps enchantait déjà d'un *bonheur* **sauvage**, d'une **triste** et **mystérieuse** *joie*... Une *enfant* **prisonnière**, le jour, dans une école, et qui échangeait des jouets, des images contre les **premiers** *bouquets* de violettes des bois, noués d'un fil de *coton* **rouge**, rapportés par les **petites** *bergères* des *fermes* **environnantes**... Violettes à **courte** *tige*, *violettes* **blanches** et *violettes* **bleues**, et violettes d'un blanc-bleu veiné de *nacre* **mauve** – *violettes* de coucou **anémiques** et **larges**, qui haussent sur de **longues** *tiges* **leurs pâles** *corolles* **inodores...** (Sidonie Gabrielle Colette)

Exercices de révision (pour s'évaluer après l'étude de la matière)

Exercice n° 56

Niveau ++ p. 117

Révision générale

1. *Vous* êtes **jeune**, *vous* devez être **bon** pour deux raisons : la première, c'est que vous êtes Gascon ; la seconde, c'est que vous êtes mon fils. (Alexandre Dumas)
2. J'ai ouï dire à **feu** ma *sœur* que sa fille et moi naquîmes la même année. (Montesquieu)
3. Déshabiller du bout des doigts les *pommes* de terre **nouvelles**. (Roger Vergé)
4. Les mères lui offraient leurs *enfants* **nouveau-nés**. (Pierre Emmanuel)
5. Henri IV se montre amateur de *nourritures* **simples** et **hautes** en goût - d'ail, par exemple ! - prises dans une *atmosphère* **bon enfant**. (Jean-Robert Pitte)
6. Galopant jusqu'à la **première** *marche* du perron, elle s'y arrêtait **court**. (Gustave Flaubert)
7. Ma *mère*-**grand**, que vous avez de **grands** *bras* ! (Charles Perrault)
8. Et pourtant les *paquebots* **italiens** ou **suédois** qui crachent une *fumée* **noire** de **toutes leurs** *cheminées* sont bien loin des *voiles* **lumineuses** qui vont un jour ramener Isolde au port ! (Pierre-Jean Rémy)
9. **Toutes** *émotions* retenues, **toutes** *douleurs* maîtrisées, **tous** *sanglots* interdits, il faut bien m'y résoudre. (Mustapha Tlili)
10. **Quatre-vingt-dix-neuf** *moutons* et un Champenois font **cent** *bêtes*. (*Proverbe*)

Exercice n° 57

Niveau ++ p. 117

Révision générale

1. On m'avait parlé de ces **horribles** *sélections* **nippones**/**nipponnes** imposées **mille** *fois* trop tôt à des *enfants* **conscients** de l'importance de l'enjeu. (Amélie Nothomb)
2. La **belle** *personne*, **fraiche**/**fraîche** et **saine**, aux *traits* **nets**, **fins**, un peu **secs**, qui fait une moue décidée, trône, **somptueuse** et **rustique**, sous un baldaquin enguirlandé de fruits ; et sa **belle** *main* **robuste**, aux *doigts* **longs**, tend à l'enfant une poire. (Romain Rolland)

3. Le siècle eût été bon si l'homme n'eût été guetté par son *ennemi* **cruel immémorial**, par l'*espèce* **carnassière** qui avait juré sa perte, par la *bête* sans poil et **maligne**, par l'homme. (Jean-Paul Sartre)
4. Il évoquait la *chute* **nauséeuse** et **molle** des **mauvais** *rêves*. (Julien Gracq)
5. Ils ont franchi des *espaces* **solennels**, les **vastes** *cours* de *palais* **royaux**. (Nathalie Sarraute)
6. La *chair* **périphérique**, **compacte** et **homogène**, d'un **beau** *rouge* de chimie est régulièrement **épaisse** entre une bande de *peau* **luisante** et la loge où sont rangés les *pépins*, **jaunes**, bien calibrés. (Alain Robbe-Grillet)
7. J'ai remercié aussi René, ce **gros** *barbu* **mystique** qui porte des *chemises* **blanches** sans col, une *queue de cheval* **poivre et sel**… (Philippe Claudel)
8. Nous les entendons, **quelque** *temps*, converser à *voix* **languissante**, rire, puis chanter la *chanson* de l'ombre, celle qui est **longue**, **indistincte**, **fervente** comme une prière. (Georges Duhamel)
9. Une centaine de *maisonnettes* **hautes**, **basses**, couvertes de bardeaux ou de **vieilles** *tuiles* **grises**, bordent la rivière. (Erckmann-Chatrian)
10. Il laissa tomber sur ses **vieilles** *bottines* un regard étonné : il ne *les* aurait pas crues si **laides**. (Jules Romains)

Exercice n° 58

Niveau ●● p. 118

Révision générale

1. Devant de **telles** *infortunes*, **toute** *parole* est **faible** ou **cruelle**. (Alfred de Vigny)
2. Pour y arriver à **basse** *mer*, on franchit des courants d'eau sur des *ponts* **étroits** de *pierres* **plates**, que recouvre la marée montante. (François René de Chateaubriand)
3. Le problème était, pour cet *octogénaire* **ascétique**, **droit** comme un arbre de trinquet, d'enfourcher sa *monture* **antédiluvienne**. (Jean-Claude Pirotte)
4. Vous avez bien annoncé que la *consultation* **gratuite** cessait à onze *heures* et **demie** ? (Jules Romains)
5. Ils assistaient à la métamorphose de la salle qui, en **quelques** *minutes*, cessa d'être cette *grotte* **silencieuse**, **poussiéreuse**, **rougeoyante**. (Roger Martin du Gard)
6. Leurs *têtes* **mi-vertes**, **mi-blanches**, trouaient l'eau de-ci de-là. (Pierre Benoit)
7. Une **grande** *fille* **rousse**, **nu**-*pieds*, *tête* **nue**, vient m'ouvrir la barrière. (François René de Chateaubriand)
8. J'y trouve les *qualités* les plus **diverses** : une pensée d'une *vigueur* et d'une *hauteur* **étonnantes** ; un *sens* **psychologique** des plus **aigus** ; un

style dont la *perfection* et le *bonheur* sont presque **constants**. (Jules Romains)

9. À l'écoute des réponses de Marguerite Yourcenar, de ses *mots* qui tombaient si **juste/justes**, de ses *phrases* **pleines**, **lentes**, **charnues** et cependant **gracieuses** et **ondoyantes**, jamais je n'ai autant éprouvé la conviction que je parle mal. (Bernard Pivot)

10. Ce visage avait tout à coup **trente** *ans* de moins : plus une ride, une *distinction*, une *majesté*, une *finesse* de traits **lumineuses**, les *yeux* **mi-clos**, la bouche **à demi** ouverte, la *langue* déjà **noire**, le *bout* des doigts **bleu**. (Y. Guillou)

Exercice n° 59

Niveau ✚✚ p. 119

Révision générale

1. **Grande** pour son âge, **blonde** aux *yeux* **bruns** comme sa mère, avec les **mêmes** *cheveux* **ruisselants**, aux *ondes* **souples**, moirées de reflets, elle montrait dans le feu de ses regards, dans l'élan de ses **moindres** *gestes* l'**ardente** *vitalité* du **jeune** *seigneur* Bonavent. (Maurice Genevoix)
2. **Nulle vieille** *noix* **sèche** ne peut s'échapper de la fenêtre. (Anne Hébert)
3. Elle commençait à repousser les *peaux* **blêmes** qui envahissaient ses ongles, pour dégager, **blanc** sur **mauve**, à **petits** *coups* **douloureux**, le *dessin* **parfait** des lunules. (François Nourissier)
4. *Ils* ont l'air **contents**, se rendent visite. (Conrad Detrez)
5. *Cheveux* **écarlates**, *face* **multicolore**, *yeux* et *bouche* **orange** et agrandis, Omar-Paul se présenta devant le forain qui le fixait *bouche* **bée**. (Andrée Chedid)
6. Sa *vie* comme **toute** autre a pu se montrer sur ce point **sujette** à l'inconséquence. (Julien Gracq)
7. C'est la femme **tout** entière et pourtant la *femme* **telle** qu'elle est aujourd'hui. (André Breton)
8. J'avais, sous des *apparences* **fâcheuses**, une **forte** *santé*, la santé de mon père, une *santé* **paysanne**, une *santé* **normande**. (Georges Bernanos)
9. Voici pourquoi : le *pouvoir* absorbant d'une molécule de *vapeur* **aqueuse** est **seize mille** *fois* **supérieur** à celui d'une molécule d'*air* **sec**. (Guy de Maupassant)
10. La *salle* était **pleine** de *gens* **hirsutes** et **poussiéreux** amoncelés autour des *tables* **nues**. (Yasmina Khadra)

Examen final

1. Faites cuire environ une *heure* et **demie**. (Colette Gouvion)
2. *Gertrude* était aveugle et **sourde-muette**. (André Gide)
3. Au sortir de l'hiver, Guerlain redécouvre la frivolité d'une *saison* **annonciatrice** de bonheur et d'abondance. (*Publicité*)
4. Il n'y a pas dans notre jardin un arbre plus compliqué, une herbe plus mobile, une *liane* aussi **traitre/traître/traitresse/traîtresse**, aussi **impérieuse**. (Sidonie Gabrielle Colette)
5. Il orchestre en effet pour le moment sa prochaine escapade, via un souterrain creusé à **grand**-*peine* dans le jardin du dey d'Alger. (Bernard Tirtiaux)
6. Si elles osaient parler **franc**, elles les déclareraient de la plus **révoltante** *injustice*. (André Gide)
7. Mais pas toutes *affaires* **cessantes**… (*Le Soir*, 2009)
8. Alphonse Corman possède une cinquantaine de *vaches* laitières **pie noir**. (*Le Soir*, 2009)
9. Il est **nu**-*tête*. (Georges Thinès)
10. Plusieurs *îles* **grecques** sont **plates**. (Jean d'Ormesson)
11. Attends seulement que je cherche pour la plante de mes pieds qui fourmille et qui brûle, une place **toute** fraîche. (Sidonie Gabrielle Colette)
12. Elle avait les yeux **grand/grands** ouverts. (Amélie Nothomb)
13. A moins que l'argent ne s'en mêle, *ce qui* n'est pas des plus **orthodoxe**. (Vincent Engel)
14. Et en même temps, elle est loin d'être une *paysanne* **naïve**. (Geneviève Dormann)
15. La dernière catastrophe géologique a eu lieu il y a environ **quatre cents**/**quatre-cents** *ans*… (Jean-Marie Gustave Le Clézio)
16. Ses *cheveux* **mi-longs, châtain clair**, sont rejetés en arrière. (Max Gallo)
17. D'immenses bâches de *plastique* **gris** recouvrent la plaine. (Michel Houellebecq)
18. L'*idée* me traverse, **fugitive** que Pézenas est encore loin. (Eric Fottorino)
19. *Elle* lui apparut fort **mignonne**. (Eric-Emmanuel Schmitt)
20. Ce qui eut lieu n'aura plus lieu, jamais, et l'action, **quelle** qu'*elle* soit, aurait fort bien pu ne pas être ou être autrement. (Charles de Gaulle)

Index des adjectifs remarquables

Index des auteurs

M

N

O

P

Q

Rectifications orthographiques

Bu § 90 e

Le Conseil supérieur de la langue française a remis un rapport sur des aménagements de l'orthographe. Ce document a été approuvé par le Premier ministre français et publié le 6 décembre 1990 au Journal officiel. Voici les rectifications qui concernent l'adjectif et son accord. Précisons que les anciennes graphies restent acceptables.

1. Le tréma est placé sur la lettre *u* dans les adjectifs féminins

aigüe et suraigüe, ambigüe, contigüe, exigüe.

Justification : Il importe de marquer par le tréma la lettre qu'il convient de prononcer.

2. Les numéraux composés sont unis par des traits d'union

vingt-et-un
quatre-cent-deux

Justification : On généralise le trait d'union qui ne joignait que les numéraux inférieurs l'un et l'autre à *cent* et pour autant qu'ils n'étaient pas joints par *et*.

3. Rectification d'adjectifs particuliers

a) *combattif, persiffleur, prudhommal.*
Justification : alignement sur le groupe le plus fourni de la famille.

b) *douçâtre*
Justification : La présence de la cédille avait rendu superflue la présence du *e* après le *c*.

4. Recommandations

a) Soudures :
- *extraconjugal, infrasonore, kifkif*
- *agroalimentaire, audiovisuel, cardiovasculaire, néogothique, psychomoteur, radioactif*

b) Soudures à exclure à cause du risque de prononciation fautive : *génito-urinaire, extra-utérin*...

5. L'accent circonflexe

ainé, aoutien, coutant, couteux, crouteux, dégoutant, dinatoire, emboitable, entrainable, entrainant, envoutant, faitier, faitière, fraiche, huitrier (huitrière), ilien (ilienne), maraicher (maraichère), maraichin (maraichine), maitre (maitresse), puiné (puinée), ragoutant, soul (soule), soulard (soularde), soulaud (soulaude), soulot (soulote), trainant (trainante), traitre (traitresse).

Justification : L'accent circonflexe a des origines diverses et apporte peu d'informations. Son rôle historique est compliqué et capricieux.

L'accent circonflexe est maintenu sur les adjectifs *mûr* (à maturité) et *sûr* (certain, sans danger) pour éviter la confusion avec leurs homographes : le nom *mur* (ouvrage de maçonnerie) ; l'adjectif *sur* (qui a un goût acide) et la préposition *sur*.

Bibliographie

GOOSSE André, *Le bon usage*, Louvain-la-Neuve, De Boeck-Duculot, 2007.

GOOSSE André, La « nouvelle » orthographe, Duculot, 1991.

ROBERT Paul, *Grand Robert de la Langue française*, Alain REY, Paris, Les Dictionnaires LE ROBERT.

HANSE Joseph, BLAMPAIN Daniel, *Nouveau dictionnaire des difficultés du français moderne*, Louvain-la-Neuve, De Boeck-Duculot, 2000.

WAGNER R.L., et PINCHON J., *Grammaire du français classique et moderne*, Hachette, Poitiers, 1962.

GALICHET Georges, *Grammaire expliquée de la langue française*, Paris, Bourrelier, 1958.

GOBBE R. et TORDOIR M., *Manuel de grammaire française*, Bruxelles, Plantin, 1984.

CHERDON C., *Guide de grammaire française*, Louvain-la-Neuve, De Boeck-Duculot, 1989.

THOMAS A.V., *Dictionnaire des difficultés de la langue française*. Larousse, Paris, 1988.

COLLECTIF, *La grammaire pour tous*, Paris, Didier Hatier, 1984, collection Le Nouveau Bescherelle, 3.

COLLECTIF, Trésor de la langue française, Nancy, CNRS, Institut de la langue française, Gallimard, 1985.

GRUNENVALD J., MITTERAND H., MANCIET E., Nouvel itinéraire grammatical (l'enseignement de la grammaire en 6°), France, Editions Fernand Nathan, 1977, collection Langage et Communication.

WILMET Marc, Grammaire critique du français, Paris, Bruxelles, Hachette/Duculot, 1998.

Table des matières

Le féminin des adjectifs

Le pluriel des adjectifs

L'accord de l'adjectif